同成社近現代史叢書①

志士の行方

丑木幸男

同成社

はじめに

上野国前橋藩士斎藤壬生雄《みぶお》は、同藩士子弟の渡辺釧太郎、真砂野操之助、屋代由平とともに四人で、慶応四年（一八六八）、前橋城へ入城した東征軍内参謀祖式金八郎の前橋藩を侮辱する横暴な態度に憤激して、その恨みを晴らすために前橋藩で蜂起を計画し、同志一〇余人と藩論を統一しようと奔走した。徳川氏が攻撃されているときに、譜代大名なのに佐幕の方針を明確にしないで、藩の保身に汲々とする前橋藩首脳に対して、主君への忠義を何よりも大事にすることを教えられ、それを守ることが武士であることの証であると信じていた、正義感の強い少年たちが東征軍との戦いを呼びかけたのである。しかし、その企ては入れられず、蜂起することはできなかった。

斎藤壬生雄は奮起しない前橋藩に憤慨して、前橋藩内での蜂起はあきらめ、現在朝敵として東征軍と戦っている会津藩に加勢して、東征軍と戦いうっぷんを晴らそうとした。同志三人とともに慶応四年（一八六八）閏四月に脱藩したが、渡辺釧太郎が意見が合わずに三国山中で引き返し、三人で会津軍に投じ、越後口に転戦した。斎藤壬生雄は若松城陥落後帰藩し、同志のうち一人はその後の行動は不明であり、屋代由平は前橋藩士により殺害された。

東征軍に抗した佐幕派の志士斎藤壬生雄は血気さかんな十七歳であった。

「かぞえ年十七歳の時同志三人と共に脱藩して会津に入城し、町野元之進の部下として越後口に転戦し、会津城陥いるや従僕幸平の案内により父母の許に帰れり」と、斎藤壬生雄は東征軍に抵抗する志士として会津若松藩に味方して戦闘したのである。

慶応四年閏四月十二日、前橋城を受け取りにきた祖式金八郎が舘林藩兵を率いて、沼田から前橋城に入城し、本殿に昇り「書院を土足にて蹂躙す」と、前橋城に乗り込み土足で書院を蹂躙し、藩主の乗馬を奪うなどの傲慢な態度に反発したことが脱藩の原因だったと斎藤の実弟の青柳新米も観察した。

四人で脱藩したが、三人が会津に向かった。不当な権力の行使に対して斎藤らの前橋藩士の子弟は敏感に対応し、権力に対する反抗心が強烈につちかわれていたのである。

前橋から沼田へ行く途中の渋川駅で著名な儒学者堀口藍園に面会した。会津へ加勢して東征軍と戦う志を述べて堀口の賛成を得ようとしたが、逆に説得され、激論になった。堀口藍園はその後岩鼻県知県事大音龍太郎に協力して岩鼻県政を在地で支えた一人であり、著名な勤王家であり、東征軍と戦うことに賛成するはずがなく、世間知らずで生真面目な少年の行動であることを露呈している。藍園から会津へ行く路銀を借用して分かれた。さらに会津へ向かう途中、意見が分かれて渡辺釧太郎は前橋に帰り、三人で会津へ向かった。

越後口の戦場を転戦した後に会津へ行ったとあるだけで、三人が加わった具体的な戦闘は不明であるが、もっとも激しい戦闘が繰り広げられた長岡城の攻防戦にも参加したのであろう。会津戦争初期の会津側の配置は日光口（総督大鳥圭介）、白河口、大平口、米沢口とともに越後口を設け、総督一ノ瀬要人、朱雀四番士中隊、同二番寄合組中隊、同四番足軽隊中隊、青龍三番士中隊、同二番足軽中隊、第二砲兵隊、衝鋒隊、約一三〇〇人を配置した。同盟藩兵七〇〇人、五月から長岡藩兵一五〇〇人が加わり、総兵力約三五〇〇人となった。各地からの加勢が大勢いたなかに斎藤壬生雄らも交じっていたのであろう。

越後口の総督一ノ瀬らは長岡城に入り、家老河合継之助らとともに、四月二十七日に山県有朋の指揮する東征軍五万人と長岡藩兵、旧幕府軍など五〇〇〇人で小千谷方面で戦い、五月十二日に東征軍を破った。しかし、七月には東征軍が反撃し、二十九日に長岡城を陥落し、新潟を平定した。越後口の兵士は日光方面へ転戦し、さらに若松に入り総督一ノ瀬要人らは九月十五日に戦死した。斎藤壬生雄も越後口軍に同行したとすれば、長岡、日光、今市、若松と転戦したのであり、同年齢の十六、十七歳の若者で編成された白虎隊の八月二十三日の自殺を悲痛な思いで聞いたことであろう。閏四月から若松城陥落の九月まで転戦し、戦後すぐに前橋へ帰ったという。

斎藤の同志屋代由平は、脱藩して越後口敗戦後、斎藤と別れて米沢藩士雲井龍雄に共鳴し、雲井らとともに八月十四日に上野国利根郡須賀川村（現群馬県利根郡片品村）で前橋藩の決起を促したが、前橋藩士により殺害された。

その斎藤壬生雄が明治政府を批判する自由民権運動家となり、明治十三年（一八八〇）に群馬県有志八九八〇人の総代として、「国会ノ開設ヲ願望シ奉ルノ書」を長坂八郎、木呂子退蔵、新井毫とともに太政官に提出した。自由党結成後は同党幹部になり活躍した。

しかし、明治十七年、自由党解党前後に同党を見限り、政治運動から離れキリスト者となった。片岡健吉、中島信行らキリスト教徒で自由民権家、政治家は数多くいるが、斎藤は以後政治運動をまったくしなくなり、キリスト教牧師に専念した。牧師として各教会を歴任したが、その教会はいずれも東北地方に限定しており、「東北地方の土となる大決心」をしてキリスト者となったことに、少年期の維新体験の深刻な影響がうかがえる。

晩年は京都府綾部にいた子どものもとに身を寄せた。

根底から社会構造が揺れ動き、価値基準そのものがなくなってしまった現在と同じように、江戸時代から明治・大正へと移行した激動の時代を、主君への忠義を最高の価値とする封建倫理に生きた過激な少年、国家体制の変革を目指す反体制運動の指導者から、人心改良のために民衆を指導するキリスト者、さらに民衆の中に入り信者に尽くすことに生き甲斐を覚え、神に仕えて聖者のような静かな晩年を送り、世間的栄誉からは縁を断って、不器用に生き抜いた男の一生の、精神的遍歴を明らかにしたい。

はじめに、少年斎藤壬生雄を過激な行動に走らせ、その後の生き方を決定づけた脱藩の原因を、幕末の前橋藩の動向から探ってみよう。

目次

志士のゆくえ

——斎藤壬生雄の生涯——

第一章　志士として

前橋藩主松平氏

斎藤壬生雄が仕えた前橋藩主松平氏は、寛延二年（一七四九）に年貢減免を求める百姓一揆に見まわれるなか、播磨国姫路一五万石から上野国前橋一五万石へ転封になり、代わって前橋藩主酒井氏が姫路藩主となった。すなわち、前橋藩主と姫路藩主が入れ替わったのである。松平氏は一時武蔵国川越に居城を移したが、明治に至るまで前橋を支配した。

松平氏は徳川家康の次男結城秀康の四男直基を祖とする越前松平氏の支族である。越前松平氏は越前福井藩主、出雲松江藩主、同広瀬藩主、同母里藩主、美作津山藩主、越後糸魚川藩主、播磨明石藩主に分かれた徳川氏譜代大名の名門である。松平氏は代々大和守を名乗り、官位は従四位上または下、官職は侍従から少将へ登り、江戸城内では大広間詰であった。直基が寛永元年（一六二四）、越前勝山三万石を与えられ、以後、出羽山形一三万石、播磨姫路一五万石、豊後日田七万石、陸奥白川一五万石と転封を重ね、寛保元年（一七四一）、ふたたび姫路城主となってから前橋に転じたのである。

前橋藩主松平氏は、たびたびの利根川洪水により、危険となった前橋城を放棄して、明和四年（一七六七）に武蔵国川越城に移転した。川越藩主秋元涼朝《すみとも》を出羽国山形へ転封させ、その後に松平氏が入ったのである。川越城付領のうち三万石を受け取り、前橋周辺および相模、安房、上総、近江などで従来と同じ合計一五万石を支配した。

天保十一年（一八四〇）に松平氏は出羽国庄内藩転封を命ぜられた。所領が分散し財政窮乏に悩んだ松平氏は姫路藩へ戻ることを希望して幕閣に運動していたが、表高一四万石余の庄内藩主酒井忠器《ただかた》を七万石の越後長岡へ、長岡藩主牧野忠雅を川越城に移すという、三方領知替えの命令であった。しかし、庄内藩領民は藩主留任を求めて転封に反対し、翌十二年二月には五万人もの領民が集会して、藩主引き留めを求め、また幕閣への出訴を繰り返した。この転封反対一揆に驚いて、七月に幕府は命令を撤回した。領民の要求を容れ幕府が領主の所領替え命令を撤回したことは、幕府を開いて以来はじめてのことであり、幕府権力の衰退を象徴する事件であった。二年後の天保十四年に江戸・大坂周辺の大名・旗本領地を幕府領にするために発した上知令を、関係する大名の反対により撤回し、天保改革を推進した老中水野忠邦が失脚した先駆的事件となった。川越藩へは転封中止の代償として武蔵国で二万石を加増し、一七万石とした。

川越藩は相模、上総に分領があるので外国船渡来に備えて、文政三年（一八二〇）以来、沿岸警備に努めた。天保十三年に川越藩は相模沿岸警備を命じられ、ペリーが来航した嘉永六年（一八五三）には、江戸湾に新たに築いた砲台のうち、一の台場警備を命じられ、元治元年（一八六四）には、二の台場、五の台場警備を命じられた。慶応三年（一八六七）には上総国富津の台場警備を命じられた。

庄内藩転封を出願したのは八代前橋藩主斉典《なりつね》であり、将軍徳川家斉の一字を与えられて矩典《のりつね》を改め、家斉の二四男紀五郎を婿養子としたが、紀五郎は天保十二年に死去した。その子、典則《つねのり》が相続したが、眼病のために隠居し、水戸の徳川斉昭の八男八郎麿を養子とし直侯《なおよし》と改めて十代藩主とした。斉昭の長男慶篤が水戸徳川家を継ぎ、五男慶徳は鳥取池田家、七男慶喜は一橋家、九男茂政は岡山池田家、十七男挙直は常陸国土浦土屋家、十八男昭武は清水家（後に水戸徳川家を相続）の養子となり、松平氏は徳川一門としてさらに血縁関係を深めたのである。室は肥前国佐賀藩主鍋島斉正の娘であった。

その養子となった幕末の藩主松平直克《なおかつ》は、肥前国久留米藩主有馬頼徳《よりのり》の五男として天保五年（一八三四）に生まれ、文久元年（一八六一）十二月六日に松平直侯の養子となり、一七万石の前橋藩主となった。幕末政治の渦中の中心人物であった徳川斉昭の孫、一橋慶喜の甥にあたり、文久三年に越前藩主松平慶永（春嶽）の後任として幕府政事総裁職に就任するなど政局の中枢に登場することになった。

直克が相続した川越藩は武蔵国一〇郡に一一万石余、上野国四郡に七万石余、上総国币瑳郡に六千石余、安房国二郡に一万石余、近江国三郡に五千石余と分散し、川越を居城とした。

政治総裁職　松平直克

明治三十三年（一九〇〇）に旧前橋藩士大籐彬が著した『橋藩私史』を参考にして、川越藩主松平直克の行動を検討しよう。

松平直克は前越前福井藩主松平慶永の後任として、文久三年（一八六三）十月十一日に政治総裁職に就任し、元治元年（一八六四）六月二十二日まで八ヵ月間勤めた。

嘉永六年（一八五三）のペリー来航以来、江戸幕府の方針であった鎖国を維持するか、開国を行うかの外交政策をめぐって国内政治は動揺した。幕府権力を強化して政治運営を進めようとした独裁政治路線は、万延元年（一八六〇）の桜田門外の変で大老井伊直弼が暗殺されたことにより破綻し、朝廷と幕府の協調による公武合体路線へと変更された。その象徴として十四代将軍徳川家茂と孝明天皇の妹和宮の結婚が文久二年二月に行われた。

文久二年六月に公卿大原重徳が勅使として島津久光の率いる薩摩兵に擁護されて江戸城に入り、将軍徳川家茂に面会して攘夷決行、諸大名の参勤交代の緩和、幕府政治組織の改革を求め、とくに一橋慶喜、松平慶永登用の勅旨を伝えるなど、朝廷が幕府政治と組織改革に介入した。その結果、同年に一橋慶喜が将軍後見職、松平慶永が政治総裁職に就任した。なお、会津藩主松平容保も同年に京都守護職に任命された。

幕府は諸外国と条約を結んだにもかかわらず、朝廷の圧力に屈し、同年十一月に攘夷決行を行うことを決定し、翌文久三年三月、将軍が上洛し、五月十日に攘夷を決行することを朝廷に約束した。攘夷派がもっとも勢力を得た時期であり、長州藩は下関を通行する外国船を攻撃し、気勢をあげた。各地では尊王攘夷派の志士が蜂起を企てた。松平直克は将軍上洛に伴う江戸城留守居を命じられ、従四位下、侍従に任命された。留守中江戸城が火災により炎上するという大事件があったが、六月に江戸城へ将軍家茂が帰り、直克は任務を無事勤め終わり、八月になり留守中の骨折りを賞された。

朝廷の要求により御所を警護する御親兵を、一〇万石以上の大名から一万石に一人ずつ出すことになり、川越藩では深沢鉄介を隊長とし、武技に優れた藩士一五人を文久三年六月に選抜した。その中に壬生雄の父斎藤衛夫が二人の伍長の一人に任命された。衛夫の知行は三人扶持と低いが、伍長勤務中に限り五人扶持に増加された。文久三年六月十九日に御親兵一五人は上洛を命令され、九月七日まで在京した。

松平慶永は幕閣の因循、徳川慶喜の鎖港意見に反発し、文久二年十月に政治総裁職辞職を出願したが容れられず、翌三年三月に再び出願し許可のないうちに領地の越前に帰国したために辞職を認められたが、逼塞を命じられた。しかし、五月には幕府から、十月に朝廷から謹慎を解除され、同時に上洛を命じられた。

文久三年八月十八日、長州をはじめとする尊攘激派は、薩摩藩と京都守護職松平容保を藩主とする会津藩を中心とする軍事力による「八月十八日の政変」で朝廷から追放され、公武合体路線が復活した。この政変の軍事力に各藩の兵士で構成される御親兵が動員されたが、そのなかに川越藩士もいるので、斎藤壬生雄の父衛夫をはじめ、川越藩から派遣された一五人が、会津・薩摩側として警備にあたったのであろう。

隊長深沢鉄介は十月九日に隊長を免ぜられ帰国し、後に前橋藩奏者番に任命された。斎藤衛夫は九月七日に在京を免じられ、十二月九日に在京中の勤務を賞され、金一封を下付され、十二月二十六日に前橋への帰国を命じられた。他の川越藩の御親兵も、政変の一ヵ月余の後に任務を解除され、半年ぶりに帰国した。

長州らの尊攘激派に代わって薩摩藩の島津久光、福井藩の松平慶永、伊予宇和島藩の伊達宗城、土佐藩の山内豊信らの公武合体派の大名が上洛した。文久三年十月十日、ふたたび将軍上洛の天皇の命令が発せられると、翌十一日に一橋慶喜の甥である松平直克が松平慶永の後任として政治総裁職に任命され、上洛に供奉することになった。

直克は「繁々登城して心付きの儀申し出づべし」と、江戸城に登城して政治上の意見を申し出ることを将軍から命じられ、御用部屋に出仕し、次いで総裁織に任命されたのである。前年の将軍上洛中の江戸城留守居を大過なく勤め、譜代大名松平氏と一橋慶喜の甥という家柄、二十九歳という若さ、誠実な人柄が見込まれて選任されたのである。

徳川慶喜は明治四十三年（一九一〇）になってではあるが、直克の政治総裁職の任命について「諸事予と同論の人なればとて、予が推薦したるように書いている記事があるが、直克は同主義の人であることは相違ないが、別に深い理由はなかったようである。よく覚えていない」と回想している（『昔夢会筆記』）。直克は慶喜と意見が同じであったことから、慶喜の推薦を受けたのである。前任者の松平慶永は開国主義者であり、もともと開国主義者と見られていた慶喜が、朝廷に対する政治的配慮から鎖国主義を主張して、意見が対立して慶永は辞職したのである。直克は慶喜と同様に外交政策の是非よりも朝廷との関係を優先して外交政策を決定する姿勢をとった。しかし、「幕閣は直克を疎外して機密のことに参与させなかったので、この後の政局に大きく関係する者ではない」と、『徳川慶喜公伝』では酷評した。

将軍後見職の徳川慶喜、京都守護職の松平容保とともに、政治総裁職として直克は公武合体路線の強化された時期の八ヵ月間、政治活動をすることになった。

政治総裁職就任にあたって、直克は家臣に直書をもって決意を示した。「将軍家と親しい善良な間柄の親戚の家筋である当家として、最近の政治状況は傍観すべきではない。しかし、不徳不才であるうえに国力も乏しいのでおぼつかないが、力の限り努める所存であるので、家中一同一致協力して他藩の汚辱を受けないように尽力することを求める」と、将軍家を盛りたてるために奉公すると、徳川一門であることを強く意識して、藩内の一致協力を求めた。

川越藩重臣から家臣への注意書にも「士風堅固」に慎み、「手堅き御家風」を維持することが肝要であると、幕府への精勤が前橋藩の家名をあげることになると、譜代大名意識を強調した。

松平直克参内

文久三年十月七日に一橋慶喜、十一日に将軍徳川家茂が上洛を命じられ、松平直克は十七日、横浜鎖港のために慶喜、家茂の上洛の命令を受けたが、鎖港交渉中なので慶喜だけを上洛させ、一橋慶喜から事情を説明させ、将軍上洛は辞退することを、老中らと連署して上申した。しかし、二十九日に重ねて将軍上洛を命じられ、将軍が上洛することに決定した。

十一月六日に軍艦奉行並の勝海舟は江戸城で直克に面会して、「京都の形勢を説き、天下の大政が今までのようでは弊害ばかりである。こびへつらう人物でないと幕府の重臣に抜擢されず、そうした人物が政治を運営しているのだから舵取りを誤ってしまう。そうした弊風を改めて、政治総裁職として有能な大名と相談して国是を定め、国内が心服するような政治をしてほしい」と、進言した。

一橋慶喜は将軍上洛以前に直克に上洛させて、事前の朝廷工作を行わせようとしたが、直克の先行しての上洛は実現しなかった。十二月に一橋慶喜、松平慶永らが朝議参与に任命され、公武合体路線の政治勢力が朝廷政治に直接参加することになった。

十二月二十七日、将軍が上洛し、松平直克も老中らとともに軍艦翔鶴丸に同船して供奉し、翌文久四年一月八日に大坂城に到着し、家茂は十五日に二条城に入った。直克は一月十一日に老中らとともに入京した。十二日に関白二条斉敬は直克をはじめ、京都守護職松平容保、老中水野忠精、参与山内豊信、伊達宗城、島津久光らに書状で、将軍入京を助け、公武協和に尽力し、とくに大事を協議するのであるから、上洛して早々に帰ってしまった昨年のようなことではなく、長期間滞在して公武一和に尽力すべきことを命じた。直克は慶喜とともに、参内を直前にした将軍家茂に朝廷の好意的応対の様子を伝え、公武一和をはかるべきことを説いた。

文久四年一月二十一日と二十七日に将軍徳川家茂は参内し、直克も将軍に従って参内した。二十五日に家茂は松平容保とともに直克に昨秋以来の尽力を慰労した。二十七日には家茂が直克と老中を呼び、参与・諸侯と協力してさらに尽力することを命じた。

公式行事が続いている間に京都で裏面工作も進められ、一月二十三日に松平慶永の侍臣中根雪江らが、直克の老臣山田太郎左衛門、四王天兵亮を訪問し、幕府内部で老中と一橋慶喜との融和の件について懇談し、今後もしばしば会見することを約した。

一月二十八日に中根らが山田をふたたび訪問し、横浜鎖港について意見交換をし、中根はすでに諸外国と条約を結んで開港したものを鎖港することは拙策でありすべきでないことを主張し、山田は朝廷の厳命によりやむを得ず断行に決したことを弁明した。

中根は一橋慶喜の家臣平岡円四郎と会見した折に、直克の「総裁職は時事に益なきのみならずかえって害あり、速やかに除き去るべし」という世評が流布している情報を聞き取っている。開国主義者から見れば、現実の政治動向を理解しない朝廷の意見を尊重して、慶喜と同様に鎖国を主張する直克は、「時事に益なき」ものと評価されたのである。

二月十六日には一橋邸で中根、四王天と一橋家家臣黒川嘉兵衛、会津藩士代木直右衛門らが参会し、長州追討、横浜鎖港等について協議した。その後も直克滞京中に山田は中根らとたびたび会って情報交換と協議をした。

二月二日に二条城で一橋慶喜・松平直克は、参与・老中とともに勅書に対する将軍奉答文につき協議し、参与島津久光は横浜鎖港に反対した。五日にも二条城で協議を継続した。

二月八日に二条城で一橋慶喜、参与松平慶永、伊達宗城らと直克および老中は長州処分につき協議し、長州征討を行うことを決定し、十一日に和歌山藩主徳川茂承ら諸大名に長州征討を命じた。

二月九日には熊本藩主細川慶順らが二条城で直克に面会し、時事を談じた。十三日に松平慶永は直克に対して幕府の政治改革を提案し、老中の上に参与を置き重要政策を決定させ、人材登用の必要を説いた。

四月十六日、朝廷へ増貢一五万俵を献納するとともに、諸儀礼・行事等について一八ヵ条にわたって朝廷尊崇のための改革を提案し、それに対する朝廷指令の請書を一橋慶喜、老中とともに直克が連署して、朝廷へ四月二十九日に提出した。

四月二十日に参内した前尾張藩主徳川慶勝と直克、老中らに対して、関白二条斉敬は「幕府へ一切御委任」と、朝廷は幕府に大政を改めて委任し、沿岸防備の充実、長州処分の一任、民政安定を指示するとともに、「横浜之儀は是非とも鎖港の成功これあるべし、ただし先だって仰せ出され候とおり、無謀の攘夷はもちろん致すまじきこと」と、横浜鎖港を最大の政治課題にあげ、外交交渉によって実現することを求めた。

二十九日に将軍家茂が参内して聖旨を遵奉することを約束し、横浜鎖港についてはとくに尽力すると答えた。孝明天皇は、将軍家茂とともに水戸藩主徳川慶篤に対して父徳川斉昭の遺志を継いで鎖港を実現するように指示した。

同日に直克は従四位上左近衛少将に叙任されると同時に、朝廷の意向を受けた幕府から横浜鎖港の用向き取扱を命じられ、主任の徳川慶篤と相談して成功に努力することを指示された。直克は伯父徳川慶篤とともに横浜鎖港を担当することになったのである。四ヵ条の朝廷の指示のうち、慶喜・直克の意見により横浜鎖港の代わりに長崎・箱館の二港鎖港はしないことに修正した。

横浜鎖港の失敗

元治元年（一八六四）五月二日、松平直克は将軍徳川家茂らとともに参内し、徳川慶篤と協力して横浜鎖港に尽力することを改めて指示され、七日に京都を出発して大坂を経て江戸へ帰った。

すでに幕府は朝廷に攘夷決行を促されて、横浜鎖港の交渉を条約締結国と行っていた。文久三年九月にアメリカ、オランダに提議し、十二月に外国奉行池田長発、河津祐邦をフランスへ派遣して交渉し、将軍上洛直後の元治元年五月にパリ条約を結んだ。それには幕府の要求する横浜鎖港は認められず、フランスからの輸出品関税軽減、日本留学生派遣などを定め、使節池田らは元治元年七月二十二日に帰国した。

しかし、幕府は鎖港の使命を果たさなかったことを理由として使節を処罰し、パリ条約を破棄した。

イギリス、フランス、アメリカ、オランダ四ヵ国は、下関で砲撃された報復を長州に対して元治元年八月に行い、攘夷の実現不可能を武力で示した。

直克は五月十日に江戸へ帰ると、川越藩へ家臣を派遣して次のとおり諭達させた。

これまで公武の間が円滑でなかったが、公武一和、協力して横浜鎖港を推進することになり、その成否は将軍家の盛衰にかかわる大切な任務である。それを水戸家と相談のうえ当家が担当することになり、奮励尽力するつもりである。すでに外国へ使節を派遣しており、穏やかに交渉する主意であるが、交渉次第では平穏というわけにはいかないことがあるやもしれないので、家中一同上下一致して協力して成功するように心がけて努めることを求める。

譜代大名意識のもとに将軍家と松平家との命運を一体のものとして、両者のために家中一同が協力して尽力することを強調した。

しかし、生糸生産地を抱える川越藩は、すでに文久元年に糸改会所を設置し、領内の生糸の保護・統制をし、横浜における外国貿易による莫大な利益を得ていたが、横浜鎖港が実現すればそれを捨て去ることになる認識はまったくない。直克は自藩の経済的利益を度外視して、天皇の意志を尊重しながら幕政の安定を志向する意識が強かったのであり、京都守護職松平容保の譜代大名意識と共通している。そのために公家たちは、直克の鎖港論を「正義論」と評価し期待したのである。

直克は横浜鎖港につき主任の徳川慶篤および老中らと協議した。しかし、五月二十二日に朝廷から横浜鎖港断行に尽力することを求める朝旨を伝達された徳川慶篤は、二十四日に水戸藩内に横浜鎖港に尽力することを指示したが、藩内に天狗党の乱を抱え、その解決に忙殺された。そのために鎖港の協議は進まなかった。

二十八日に将軍家茂は、直克に横浜鎖港を担任させることを幕府有司に知らせ、意見があるものは直克に具申することを求めた。

事態の進展しないことに不満の松平直克は、六月三日に将軍家茂に面談して、鎖港問題を優先して解決することに不同意の老中を更迭したうえで、幕府の方針を決定することを要求し、要求が容れられるまで登城しないと迫った。将軍は老中と相談して善処するが、必要があれば夜中であろうとかまわずに登城せよと慰撫した。翌日、将軍からの呼び出しにより登城したところ、鎖港を決行する手だてを書面で提出することを求められた。その求めに応じて江戸城で横浜鎖港意見書を提出した。

勝海舟は「早朝、大和守殿登城。将軍に御直に鎖港、ゆるがせにすべからず。もし閣老、参政この事を妨げば速やかに放逐然るべしと言上あり。直に退出ありしと聞く」と、直克が早朝に登城して将軍家茂に鎖港の問題はゆるがせにしておけない、もし老中や重臣がこれを妨害するのであればすみやかに放逐すべきであると進言したことを日記に書きとめたが、勝は軍備が整っていない現在、鎖港をすべきではないと批判している。六月七日まで直克から批判された幕閣は登城せず、幕府内部は混乱し、勝も事態解決の周旋を命じられた。

直克の意見書はすでに諸外国へ使節を派遣したとのことであるが、武力で鎖港を実現するのではなく、情実を尽くして交渉すべきである。その要点は、「貿易開始後物価が騰貴し人心が不穏であり、不平の民衆が多くなり動乱が起こる可能性があり、もしそうなれば外国交際も不可能になるから、横浜港だけ閉鎖し、長崎・箱館で貿易を行うことを交渉すれば、承諾するはずだ。上下一致し、虚喝に動じない断然とした態度、万一破談になってもわが国から事を構えない原則を堅持して、懇切丁寧に反復して交渉すれば成功する」という基本的態度を示すだけで、具体性に欠ける内容である。

直克は公武合体派大名として朝廷の指示を忠実に守り、横浜鎖港を実現するために全力を投球する意欲はもっていた。

六月五日に登城した水戸藩主徳川慶篤に、昨日来の事情を説明したところ、横浜鎖港問題主任の慶篤に協議もなく、直克が独断で進めたことを非難した。それに対して直克は「自分の意見を貴殿と協議する必要はない」と抗弁し、両者の関係は不和になった。

慶篤は藩内の天狗党騒動の解決に奔走していたために、鎖港問題に関与する余裕がなかったのである。直克は「水戸の徳川慶篤は天狗党一件があるが、鎖港問題に尽力しなければ朝廷にすまないのに、幕閣の因循に同調している」と慨嘆した。

将軍に鎖港決行の意志はあるが、老中と主任の徳川慶篤にその意志がないと観察した直克は、十八日に登城して家茂の諮問に対して、水戸天狗党のために派遣した幕府軍を引き上げ、鎖港問題解決に幕府政治を集中することを主張したが、その意見は容れられなかった。

十八日に一橋慶喜が熊本藩主細川斉護の実子長岡護美宛の書簡で、「直克は慶喜と密謀して鎖港問題解決の決心をしたが、幕閣は陽に和し、陰にこれに反対して、直克の意見はひとつも行われないので、直克は引きこもってしまった」と報じた。直克の強硬姿勢は慶喜の後押しがあったのである。

六月に水戸藩士三〇余人が文久三年五月に辞職した前老中太田資始邸に押しかけて、水戸藩内の紛争の煽動とともに、直克の政治総裁職を排斥したことを難詰しており、老中が直克の活動を妨害したと信じられていたことを示している。また、前義奏の公家中山忠能は横浜鎖港が実現できなかったことから、直克の「正義論は偽物であった」と失望したことを記している。

老中はフランスから横浜鎖港の交渉に失敗して帰国した使節の報告を受け、また、松平慶永や島津久光らとの意見の対立がありながら、鎖港実現の方途を模索していた一橋慶喜に反感をもっていたので、慶喜に同調し性急に結論を求める直克に反発したのである。

これを原因として直克は、元治元年六月二十二日に政治総裁職を罷免された。大坂にいた勝海舟は、七月二日に老中板倉勝静・酒井忠績と政治総裁職退役のことを聞いた。

六月二十八日に横浜鎖港問題は、直克が退役したので鎖港問題を委任されている水戸藩主徳川慶篤に専任させ、慶篤にたびたび登城することを幕閣は求めた。

朝廷の意向を尊重して横浜鎖港問題に尽力した直克に対して、二十九日に朝廷はその労を賞し、七月三日に徳川慶篤に鎖港尽力を厳命した。朝廷内で直克の行動が好意的に受け止められたことが、慶応四年の慶喜謝罪運動の伏線となったのである。また、会津藩士が七月に老中に面会して直克の復職を要求し、藩主松平容保にも直克の復職建議を説いており、会津藩内でも直克は好意的に見られていた。

「今日の場に至り候義誠に残念至極に候えども、実に天命の義致し方これなく候」と、直克は家臣に政治総裁職罷免による落胆を伝えた。朝廷から命令され、勢い込んで鎖港を実現しようと張り切ったが、複雑な政治状況のなかで諸外国と鎖港交渉に至る以前の段階で罷免され、幕政への意欲が大いにそがれたのであろう、七月になり川越帰国を出願したが、在府の大名が少ないことを理由に許されなかった。

七月の禁門の変、八月からの長州征討により、長州を中心とする攘夷派勢力が朝廷から一掃されたが、直克はいっさいそれに参画していない。

八月には内海第一の台場に代わって、福井藩、松江藩が担当していた品川第二・第五の台場警護を命じられ、慶応三年三月まで警護した。

十一月に直克は当分の間として登城見合わせを命じられ、謹慎処分は翌慶応元年五月まで続いた。登城禁止の真相は不明だが、水戸天狗党の鎮圧よりも鎖港問題を優先すべきだと主張したことが、天狗党を擁護したと誤解を受け、それが原因となったと直克は認識した。幕府のために尽力したにもかかわらず、嫌疑を受けたことに衝撃を受け、それ以後幕政への参加に慎重となり、家中一同へも「御大政の可否を私議することはもちろん、開鎖の論議も慎み、みだりに談話することすら堅く致すまじき」ことを求めた。

上洛命令無視

慶応元年（一八六五）十月、外交政策・内政について衆議を尽くすために諸大名は上洛を命じられたが、直克はとくに上洛を十日に命じられた。

外国勢力は条約を認めない朝廷に対して、九月に兵庫へ軍艦を集結して条約勅許、兵庫開港を要求する圧力をかけた。幕府は長州再征を主張して意見がまとまらず、関白二条斉敬が幕閣の更迭を主張し、直克を政治総裁職に復職させることを求め、直克の上洛を幕府に命令させたのである。しかし、収拾困難な状況を理解していた直克は、藩財政窮状を訴えて五万両の給付を幕府に請願し、拒絶されたので上洛延期を出願した。

学問所奉行・若年寄格に任じられ、前年から将軍家茂の侍読となった秋月種樹が、越前にいた松平慶永へ直克への上洛命令等を知らせた十三日付けの書簡で、幕府は直克を「定めて総裁職に任命するだろう。しかし、まだ直克は下情に通じておらず遊説家の口舌に迷ったことがたびたびあるので、事を誤まることを懸念するが、公武合体のために慎重に対処することを期待する」と書いている。

これに対して慶永は「直克は総裁職に任命されるであろう。秋月の懸念はもっともであるが、老中も同行するとのことであるから心配はなかろう」と、返信した。さらに秋月から慶永に、直克が「五万両拝借を出願し、承諾されれば上洛する」という風説を伝えた。慶永は五万両拝借は上洛を断る口実であろうと観察した。松平慶永の観察どおり直克は上洛を拒絶したのである。

この間、家茂の将軍職辞表提出、条約勅許などがあり、一橋慶喜が将軍補佐をすることになり、会津藩主松平容保、桑名藩主松平定敬が幕政に参加し、老中の更迭があり一橋慶喜を中心とする幕閣が形成された十一月に、直克は上洛することに決したが、翌二年二月に病気を理由にふたたび上洛免除を出願し、三月に許された。

これに対して川越藩士のなかに、直克の行動を批判する上書を提出する者が現れた。

栗間進平が慶応元年十一月に上書を提出したが、藩は栗間の禄高を奪い入監処分にした。その上書は、直克の上洛により外国勢力を排除できることが期待されており、幕府のために尽力する好機会である。しかし、「藩政府は恐怖」して直克の病気を理由に上洛を拒絶したと聞いている。一七万石をなげうつ覚悟で奮発すべきであると、藩首脳を批判した。栗間は戊辰戦争の最中の慶応四年五月に会津に赴き、「会津に呼応して前橋藩でも挙兵する」と直克の伝言をもたらしたという、行動的な佐幕派志士であった。

同年十二月には尊王攘夷家として著名で、水戸藩の武田耕雲斎など諸藩の志士と親交を結んでいた藩士志賀敬内を隠居・謹慎処分にした。平素傲慢、土足帯冠のまま川越城中に入り重役を誹謗したことを理由とした。慶応三年十二月には、さらに藩士を扇動して陰謀を企てたと志賀を切腹させた。その陰謀とは、直克が攘夷を決定したら家中の有志を中心として前橋・渋川の有志とともに前橋町中に放火し渋川に走り、沼田藩の同志に薩摩藩士も援助を約束しており、それらとともに前藩主を擁して攘夷の挙兵をする計画であった。

慶応二年八月、長州再征の最中に将軍家茂が二十一歳で死去し、一橋慶喜が徳川家を相続し、幕長戦争を休戦し、十二月に将軍に任命された。

直克は九月に京都警護のため秋田藩主佐竹義尭とともに上洛を命じられたが、今回も病気を理由として上洛せず、重臣を派遣し、京都警護を勤めさせた。続いて十二月に若狭小浜藩主酒井忠氏とともに、直克は継続して翌三年三月までの京都警護を命じられた。

二年十月に前橋城再築に伴い、川越城と武蔵・安房・上総の領地を返還することを命じられたが、出願のうえ、安房・上総の領地はそのまま据え置かれ、川越城と武蔵国の領地を返還した。川越城は棚倉藩主松井康直に与えられた。

五年の歳月をかけて修築した前橋城が十二月にほぼ完成し、藩士の引っ越しが行われ、政務を執りはじめ、翌三年二月に竣工した。

斎藤壬生雄の実弟の青柳新米の回想によれば藩士は三回に分けて移転し、斎藤家は最後の三番立ちであった。川越から深谷を経て中瀬の渡しで利根川を渡った。家財道具はもちろん立木までも掘り取って運び、新居に移植したという。斎藤壬生雄は十六歳であったから引っ越しの手伝いをしたことであろう。新米は三歳であった。

一年以上も上洛命令を遵守しない直克に対して、徳川慶喜が大政奉還を行った慶応三年十月になり、朝廷の武家伝奏、幕府大目付双方から「心付けの有無にかかわらず上洛すべき」ことを厳しく督促され、今回は直克は上洛を決意した。

しかし、薩摩藩邸を根拠地として江戸府内の治安を混乱させる浪士の活動が活発になり、江戸の警護を幕府から命じられたため、上洛できなくなった。さらに、桜田門外の警備を十一月八日に前橋藩が担当することになり、十二日に警護地区が日比谷門外に代わった。これに対応して前橋藩は軍事改革をし、銃陣を三軍編制とした。斎藤衛夫が他の二人とともに軍事方に任命された。

大政奉還に関して直克は、危急におもむいた徳川家の命運を憂慮し、宗家のために十分尽力することを期し、十一月二十六日に直書を家臣に示した。大政奉還のうえは大名はすべて朝廷から任命される王臣となるが、徳川家は宗家であり、宗家の指揮を受けて朝廷に仕えることになり、徳川家を支えることに尽力すべきことを諭した。

家老が直克の意を受けて、徳川家康以来の政権を朝廷に返上して容易ならざる事態であり、藩力をあげて宗家の高恩の万分の一にも報いるために尽力しなければならない。しかし、疑惑を招くような行動は慎み、京都の状況、江戸の形勢を観察し、鎮静穏便に重役の命令に従い家中一致して行動することを家臣に求めた。

大政奉還後の朝廷の上洛命令に対して、直克は十一月三十日、病気を理由に上洛延期を在京の藩士を通して出願した。

十二月十四日、幕府大目付から登城の命令があったが、直克は病気のため重役を出頭させた。幕閣から、「京都では九日に皇居の守衛を薩摩藩が命じられ、徳川家にとって危急のときである。直克には先に朝廷から上洛命令があり、状況打開のために上洛して忠節を尽くすことを求めたが、一方では重大な江戸の治安維持を担当することも忠節を尽くすことになる。いずれにするか」と直克の判断で決断したうえでの返答を求められた。幕閣としての意見はなく判断を直克に求めたことに、大政奉還後の自信のない政治運営を反映している。

さっそく帰邸のうえ直克とも熟議した結果、上洛に決した。しかし、幕閣にその結果を報告したところ、目付の報告によると京都の緊迫状況は緩和したので、在京の藩士の報告を待ってからでも遅くないとの幕閣の意見に従い、上洛を延期した。

江戸市中で富商を襲っていた浪士が、庄内藩兵の田町屯所を銃撃したので、庄内藩兵が追跡したところ薩摩藩邸に逃げ込んだ。庄内藩が幕府に対して追討許可を求めた。幕府はそれを許可し、松山・西尾・鯖江各藩とともに市中警護の任にあった前橋藩へも出兵を命じた。前橋藩は番頭番士一隊、物頭組二隊、銃隊一隊を派遣し、他藩の兵士とともに十二月二十五日に薩摩藩邸を砲撃して焼き払った。

徳川勢力を朝廷から一掃するために、武力行使の口実を求めて、江戸で浪士を使った西郷隆盛らの挑発に乗った、幕末政局を大きく転回させた事件であるが、前橋藩もその薩摩藩邸襲撃事件に加わったのである。その結果、前橋藩は薩摩藩士に遺恨をもたれる要因をつくったのである。

慶応三年十二月二十九日、直克は上洛を決意したが、翌四年正月に鳥羽伏見の戦いに関して幕府大目付から京都で戦端が開かれたと開戦の情報だけが伝えられ、幕府軍の敗戦、徳川慶喜追討令発令の正確な情報は、まだ伝わらなかった。京坂は容易ならざる事態であるが、徳川家の根拠地である江戸の警護も重要であり、開戦した幕府軍の気勢に関係するので上洛を延期して江戸府内警護による忠節を求める幕府の達に応じて、ただちに上洛する予定であった兵士を前橋から江戸へ呼び寄せて、江戸警護の任にあたらせた。直克は京都を中心に大政奉還、王政復古と政局が激動した時期に、たびたびの上洛命令にも関わらず江戸を動かず、徳川家譜代大名として江戸警護に努めた。その結果、政局の動向を見極めることができなくなっていた。それが朝廷の上洛命令無視に対する反感とともに、その後の直克の対応に影響を与えたのである。

慶喜謝罪運動

慶応四年（一八六八）一月三日にはじまった鳥羽伏見の戦い後、徳川慶喜は戦線を放棄して江戸へ逃走し、十二日に江戸城に到着し、以後城中では連日評定が続いた。朝廷は一月十日に慶喜追討令を出し、慶喜死罪、徳川家断絶を求める厳しい対決姿勢を示した。

前橋藩家老山田太郎左衛門が直克に、慶喜廃嫡により謝罪の実効を立てて徳川氏の存続をはかることを説き、前橋藩内はそれで一決したが、直克は決断がつかなかったという。

山田の建言を容れて、直克は江戸城に帰着した徳川慶喜に一月十三日と十八日に面会して、「慶喜の謝罪により、徳川家の血食を謀」る意見を述べ、退城後前橋藩重臣と協議のうえ意見書を提出した。慶喜謝罪・隠退・謹慎のうえ武力を行使せずに朝廷と交渉して、徳川家存続をはかる趣旨であった。江戸城内での協議の結果によっては、慶喜謝罪運動のために上洛する可能性もあると、直克はその準備をした。

一方、西郷隆盛らが慶喜死罪を主張する京都において、岩倉具視は諸外国の干渉を防ぐために徳川氏の降伏による内乱の早期収束を希望していた。また、江戸で会津・桑名を中心とする強硬派に対して、前橋藩、江川太郎左衛門家臣が、慶喜謝罪・隠退による徳川家存続を主張し、旗本の七分が賛同したが、決着していないとの内報を得ていた。

また、徳川氏赦免の方途を模索していた松平慶永は、慶喜が謝罪することを条件に追討を免除させることを希望し、それを相談するために岩倉具視邸に家臣中根雪江を遣わした。岩倉具視は慶喜謝罪・隠退による恭順説にもとづいて、徳川氏に寛大な処分をさせる周旋を松平慶永が行うことを勧めた。

東征軍に代わって慶永が江戸に下って徳川家の降伏を実行させることを計画したが、京都にとどまって徳川家の存続をはかる運動に専念するために江戸行きは中止した。慶永が直接動くのは得策でなく、江戸で恭順説を唱えている松平直克を「煽動」して、朝廷内で慶喜謝罪の運動をさせることを一月二十三日、二十四日に協議し、慶永が直克宛の次の内容の長文の書状を書いた。

宗家の危機につき恐縮し、貴君同様に血涙のいたりである。朝廷の怒りも当然であるので、救援すべき道筋も見いだせず当惑心痛している。岩倉前中将から内談があり、岩倉の家臣が関東から帰っていうことには、混乱し旗本の意見も一致しないが貴兄が奮発して、慶喜を廃立して謝罪することを主張している由である。現在朝廷が征討の大兵を差し向けようとしており、貴兄のような正しい議論が通り、謝罪の道が立てば、兵乱が起こらず万民が塗炭の苦しみに陥ることもなく、朝廷に対してもこの上ない忠義となるので、いっそうの尽力を何卒お願いしたい。

それが世論であるとともに、私は個人的にも無比の交友をしていただいており、宗家でもある慶喜公の安全を昼夜心配しているが、謹慎しているので発言することも控えなければならず、胸をさすって黙示している。

岩倉からの内談によれば、朝廷は心底では無事を好むので、貴兄にいっそう憤激してもらって、宗家と万民のために戦いを止め、徳川の家名が存続できるように尽力することを依頼したい。

慶喜の憤まんは察することができるが、過失はいまさら彌縫することはできないので、何事も一身に責任を引き受けて、天下万民のために謝罪の道を立たせることを希望する。

現在、天下が治まるか乱れるかは慶喜の一心にかかっていることをわきまえて、天下の動乱も万民の困苦も頓着なく、ひたすら自説を押し通して争えば、暴虐な指導者としかいいようがないことになる。悔悟して朝廷の命令を待たないようでは、祖先に対しても相済まないことになる。この辺をよくよくわきまえて尽力することを希望する。

そのうえ徳川の家名存続を和宮からも出願することになれば、天下の公議もあることだから、不当の処置をしないことが道理である。尾張、紀州をはじめとしてこちらで十分相談して周旋するので、関東においても相談して進めていることであろう。いずれにしても徳川家興廃の危機なので精々の尽力を依頼したい。すでに問罪の勅使を派遣する朝議もあるので、その前に謝罪の道が立てば都合がよい。

なお、家来中根雪江から家老山田太郎左衛門へ詳細を伝えたので、お聞き取りのうえ参考にして、宗家のために粉骨することを祈る。

正月二四日

慶永は慶喜問罪の勅使・東征軍派遣直前の緊迫した状況を知らせ、東征軍派遣以前に慶喜に謝罪させて、戦争を万民のために中止させることに直克が「憤激」して尽力することを依頼した。

慶永の家臣中根雪江からも山田太郎左衛門宛の次の内容の書簡を添えた。


慶喜廃嫡、田安亀之助相続による徳川家存続のために、「日本流」に謝罪の筋が立つようにして、朝敵の汚名をそそぐための努力を期待し、岩倉殿も前橋藩の正論を支持している。

慶喜を切腹させる議論もあるが、謝罪後の処分を天皇の裁可を仰ぐことにすれば、寛典にすることは公議であるので、処分を勝手に決定しないことが肝要であり、朝廷がこれではすまぬとか注文をつけずに受け入れられる、至当の処置を出願するように熟考してほしい。

暴発の責任をとって会津・桑名や幕閣を処分のうえ、慶喜が謹慎することが最上の道であり、慶喜が悔悟しないようであれば、慶喜を禁錮し、会津・桑名をはじめ敵対した中心勢力を誅罰して、徳川家の家名存続を出願するのが次善の策である。

徳川家の家臣が慶喜に代わって各自で責任をとって自らを処分して、慶喜の罪をそそぐのは臣下として当然であろう。少なくとも会津・桑名は天下の大乱を引き起こしたのであるから、家臣を処分したうえで切腹して謝罪すべきである。自裁しないのであれば親族か譜代が討伐して、朝廷に謝罪すべきである。

慶永が江戸へ出府して周旋する予定もあり、下働きする意気込みであったが、江戸行きが中止になり残念だ。謝罪論が立つように尽力を願いたい。

京都における強硬な意見を反映して、慶喜助命、徳川家存続のために、会津、桑名、幕閣の処刑は当然とする、厳しい内容の慶喜謝罪の方法を具体的に示した書状である。

この慶永の書状を岩倉に見せて、慶喜謝罪の実が立てば徳川家存続を保証する岩倉の同意を得て、二十五日に家臣にもたせて江戸の松平直克に届けた。

二十六日に岩倉が慶永宛に徳川家の家名存続については懸念には及ばない旨の直書を与えている。

この書状に対して、二月六日、出発直前に直克は返信を出した。

二十五日付の書状を拝見しました。それまでの御苦心を深察します。この上とも尽力をお願いします。小生は朝命を蒙ったので近々所労中ではあるが押して上京するので、万事教示をお願いしたい。出発前の大混雑なので大略をお請けして、委細は御家来に伝言したので、お聞き取り願いたい。

岩倉具視の同意を得た慶永の依頼に応じ、慶喜謝罪と徳川家存続に尽力するために上洛することを、松平直克は決意したのである。

二月五日に徳川慶喜も松平慶永に書状を送り謹慎している旨を伝え、赦免と徳川家存続のための尽力を依頼した。さらに恭順の意を示すために慶喜は二月十日に重臣を罷免し、会津藩主松平容保、桑名藩主松平定敬らの登城を禁じ、帰国・謹慎させた。

幕臣のなかには箱根の関所に軍隊を集結して東征軍と戦うことを主張するものもあり、福沢諭吉が「酔えるがごとく狂するがごとく、人が人の顔を見ればただその話ばかりで、幕府の城内に規律もなければ礼儀もない」と回顧したように、慶喜が江戸城に帰ってから一ヵ月以上も甲論乙駁の状態が続き、徳川方はまだ和戦の結論が出せなかったのである。それをなだめて慶喜自身は戦いを避け、二月十二日に江戸城を出て寛永寺に謹慎し、朝廷の処分を待つ旨を前名古屋藩主徳川慶勝、松平慶永と直克に託した。

徳川慶喜は主戦派の主張を退け、平和交渉にもち込む条件を整えようとしたが、それに不満の一部の主戦派は脱走して、東征軍に対してゲリラ戦をしかけるとともに、徳川家に味方する大名を結集する模索を続けたのである。

朝廷としても慶喜恭順の動きだけに対応するわけにはいかず、少ない軍事力で各地に分散する強硬派勢力と効果的に戦闘するために、情勢分析を慎重にせざるを得ない時期であった。

直克上洛

朝廷は一月四日に仁和寺宮嘉彰親王を征討大将軍に任命し、東海道、東山道、山陽道、山陰道各鎮撫総督を任命し、七日に慶喜追討令を発し、各総督府ごとに進軍した。

一月二十二日、前橋藩京都留守居役に朝廷に恭順を示すために直克上洛命令を交付し、二十八日に京都留守居から江戸の直克に伝えた。二月一日に直克は徳川慶喜に三度めの面会をして、朝廷への謝罪を求めた。松平慶永も書状で慶喜に謝罪の実効を立てることを忠告し、会計総裁大久保一翁にも書状を送って慶喜に勧説させた。江戸城では旧幕府が前橋藩家老を呼び出して上洛を命じた。慶喜討伐のための朝廷からと、慶喜赦免のための旧幕府からの上洛命令があったのである。直克は二月九日に出発と決定した。

朝廷か徳川家かいずれに与するか諸大名に決断を迫る朝廷の上洛命令に対する認識が直克にはなく、元治元年（一八六四）に政治総裁職として上洛し、横浜鎖港問題について朝幕間で活躍した折の朝廷内の政治勢力分布を想定し、徳川慶喜謝罪は松平慶永、岩倉具視の支援があり成功する見込みがあると判断したのである。

二月、直克は慶喜から託された、朝廷に提出する待罪状を江戸城で勝海舟に見せた。征討使派遣につき慶喜は恭順・謹慎するが、心得違いの家臣が不慮の出来事を起こし、万民が塗炭の苦しみを受ける事態となっては不憫なので、征討軍派遣の猶予を懇願するという内容であった。さらに、慶喜の寛永寺での恭順謹慎、重臣の謹慎の状態を述べ、朝廷へ慶喜に対する寛大の処置を懇願する、徳川慶喜家臣一同の願書が添えてあった。直克はこの待罪状と赦免願をもって上洛する予定であったのであろう。

徳川家御三家の名古屋藩主徳川慶宜は慶応四年一月十四日に上洛し、東海道、東山道の諸大名の勤王誘引を命じられた。名古屋藩の実権を掌握していた徳川慶勝は朝廷に服従を誓ったが、藩内の佐幕論も強く、一月二十日に佐幕派の粛正を行って藩論を統一してから、家臣約四〇人を東海道、東山道諸国に手分けして遣わし、その藩の向背を問い、勤王誘引を勧めた。一月二十九日に徳川氏発祥の地の岡崎藩などが勤王の証書を提出した。

上州へは二月十二日に名古屋藩士が入り、安中、高崎、吉井、小幡、七日市、沼田、伊勢崎、館林各藩とともに前橋藩を説得し、前橋藩をはじめ各藩から提出させた勤王証書を受け取り、名古屋に帰り藩主が朝廷に提出した。

直克の上洛中の三月十五日に、前橋藩は馬上元込銃五挺、短ミネール銃二五挺、胴乱三〇、弾薬五〇〇〇、鞍置馬二頭を勤王の証として大総督府に提出し、二十五日に臼砲二挺と弾薬を追加して献上した。

二月八日、先発隊として前橋藩家老が率いる一隊が江戸屋敷を出発し、十日に直克が出立した。

二月九日、朝廷は慶喜追討のため、和戦の進退駆引の権限を委任した東征大総督に有栖川宮熾仁親王を任命し、東海道、東山道、山陽道、山陰道各鎮撫総督を先鋒総督兼鎮撫使と改称し、統率させた。薩摩・長州とともに、尾張、紀伊、備前らの藩兵で編成した東征軍が二月十五日に京都を出発した。松平慶永は慶喜謝罪の実があるとして十九日に東征軍派遣中止を建議したが、建議については和戦を決定する権限を持つ大総督と交渉することを指示された。直克も慶永と同じく京都の朝廷ではなく、東征大総督と最初に交渉すべきことになったことを認識していなかった。

松平慶永の使者として江戸の慶喜のもとに派遣された越前藩家老本多修理が、道中で二月十二日に前橋藩家老山田太郎左衛門に面会し、直克の運動の様子を聞いた。江戸で直克は慶喜の謝罪使となることは断ったが、京都で「突出」して運動する意気込みであることを山田は伝えた。

水戸藩主徳川慶篤や田安慶頼らは徳川慶喜謝罪のために、輪王寺宮公現法親王の上洛を懇願し、二月二十一日、輪王寺宮は江戸を出発し、三月六日に駿府に到着し、翌日大総督有栖川宮に面会して慶喜嘆願書を提出した。しかし、有栖川宮は嘆願書を却下し、輪王寺宮の上洛を止めたので、輪王寺宮は江戸へ帰った。

そのほか、前将軍家茂の妻、和宮であった静寛院宮、前老中稲葉正邦、和歌山藩主徳川茂承、小田原藩主大久保忠礼ら東国大名四三人連名など、二月から三月上旬にかけて、松平直克以外にも多くの慶喜謝罪・赦免の動きがあったが、直克の嘆願は岩倉具視の後援もあり、もっとも有力なものと見なされており、それだけに厳しい慶喜処分を予定していた東征軍は警戒したのである。

二月二十日に直克は熱田（現名古屋市）に到着し、近くの名古屋に大総督が来ていたが、直克は名古屋城に藩主を表敬訪問し、有栖川宮へは家臣を派遣して天機を伺わせた。しかし、天機伺いに家臣を遣わすのは無礼であると非難され、二十三日に関宿（岐阜県関市）で参謀から出頭の達しを受け、あわてて弁解するとともに、家臣に大総督を追いかけさせ、掛川駅（静岡県掛川市）で追いつき、家臣から直克は持病の喘息により天機伺いが遅延することを通知し、また、朝廷へも上洛遅延の連絡をした。京都からも心配した家臣が直克のもとに来て協議し、掛川駅で参謀に面会を申し入れたが、軍事多忙を理由に拒絶された。二十六日に詳細な情報のないままそれを聞いた慶永は、大総督に面会のうえ慶喜謝罪に尽力できる機会であると、書状を出すとともに、山田太郎左衛門にも同趣旨を伝えさせた。

その後、直克は大総督府へ何度も面会を要求したが、直克が徳川慶喜の謝罪状を持参したとのことであるが、大総督宮に提出すべきであるのに、京都へ直接行こうとしたこと、名古屋で大総督宮に天機伺いをしなかったことは、平素勤王を唱えながらその意がないためと詰問された。家臣はひたすら謝罪に努めた。錦旗に対して不敬の行為があったと非難されたともいう。

直克は慶応元年に上洛を命じられながら結果的には無視し続け、前年十二月に前橋藩兵が桑名藩兵らとともに薩摩藩邸を襲撃したことに対する反感と、岩倉の後援する有力な慶喜謝罪運動を進めようとすることに対する東征軍の警戒心があり、直克も急転回した京都を中心とする政局の情報に疎く、朝廷に直接伺候することだけを考えていたことにより、招いた結果である。慶喜の謝罪どころか直克自身の保身も危機に瀕してしまったのである。名古屋藩を通して提出した前橋藩の勤王の誓書はまったく機能していない。

しかし、越前藩家老本多修理の情報によれば、三月十一日に新居宿（静岡県新居町）で逗留している直克に随行している四王天兵亮に面会し状況を尋ねたところ、名古屋で藩主に面会し、大総督宮には家臣を遣わしただけであったが、関で大総督宮に面会し、「出陣は有栖川宮の本心ではないがやむを得ず」などと、大総督宮は機嫌よく直克と話したという。

さらに本多が直克に面会して慶喜謝罪尽力を依頼したが、直克は「とてもむつかしい」と答えた。すでに直克自身の謝罪があやうくなっている状況では、慶喜の謝罪運動を大総督府に対して働きかけることは困難になっていたのである。

大総督府参謀がさらに出頭を命じたので、新居宿へ重臣を派遣したところ、「大和守は勤王であるか、または徳川氏の謝罪使であるか」と詰問され、「勤王であり、徳川慶喜謝罪状は持参していない、勤王のために上洛する」と答弁し、名古屋での不調法を詫び、不調法人を謝罪のために差し出せばすむと観察したという。別の記録によれば、上洛してから名古屋藩主徳川慶宜、前越前藩主松平慶永と協力のうえ、慶喜謝罪を嘆願する予定であると答弁したともいう。

徳川家処分について、三月六日に大総督府は駿府で軍議を開き、江戸城総攻撃を三月十五日と決定するとともに、徳川家降伏について条件を定めた。三月九日に勝海舟の使者として山岡鉄太郎が西郷隆盛と会見し、西郷が徳川家処分についての条件を示して、徳川家の存続と慶喜の助命を約束し、三月十三・十四日の西郷隆盛・勝海舟の会談により、勝が江戸城開城と慶喜の水戸隠居を提示し、西郷が帰京して三月十九日に朝廷でその条件が検討され認められたのである。

徳川家処分をほぼ決定した西郷・勝会談が行われた三月十四日、前橋藩家老安井与左衛門が駿府で参謀局に対して、大総督宮への不行き届きを書面で謝罪し、勤王の志を等閑にしていないことを強調した。さらにその四日後の十八日になり、やっと直克は大総督宮から許され、二十二日に直克は荒井駅を出発して上洛した。

三月二十九日に入京し、参内を伺ったが許されず、長州藩出身で幕末に諸藩との交渉を担当し、前橋藩士とも旧知の参与広沢兵助（真臣）から、東征軍参謀西郷隆盛宛の紹介状を得て、家臣を江戸へ派遣して西郷の内諾の書簡を受け取ってから出願し、はじめて参内が許された。

直克が広沢真臣を閏四月四日に、京都の料亭万亭に招待しており、このときのお礼をしたのであろう。

四月三日、東征軍が江戸城に入る直前に、田安・一橋両家、若年寄・大目付・目付から慶喜赦免願を大総督宮宛に提出し、慶喜が恭順・謹慎したので寛大な処分があろうとの答えを得たが、徳川家相続・領地のことにはまだ触れていない。

翌四月四日、江戸城に入った大総督宮が、慶喜に水戸隠退、徳川家相続を許すことを言明した。その条件として江戸城を明け渡すこと、軍艦・武器を東征軍に引き渡すこと、城内住居の家臣は城外へ移り謹慎すること、慶喜謀反を助けたものを厳罰に処し、その結果を報告することの五ヵ条を提示した。

慶喜は四月十一日に江戸を立ち退き水戸へ隠退し、江戸城へ東征軍参謀西郷隆盛が入り城地と武器を受け取った。

京都では松平直克が四月十九日に、四王天兵亮を松平慶永邸に派遣して、上州周辺が百姓一揆などで騒々しい風説があるので帰国の希望を伝え、参内と帰国許可の周旋を依頼した。

四月二十七日に直克は徳川家相続の朝廷からの下問に対して、相続は血筋を優先して徳川元千代か同亀之助のうちいずれかとし、若年のため松平慶永を後見としたいと答えた。また、多くの旧家臣を扶養できる封禄の下付を求めた。

閏四月三日に直克は参内し、天皇に拝謁し、そのほか三条実美、岩倉具視らに面会した。前日に松平慶永の家臣の中野雪江と相談のうえ、四日に上野国周辺の騒擾を理由として帰国を出願して許された。

閏四月十日に朝廷への誓約書を提出して、さらに念願の徳川慶喜謝罪状を提出した。すでに前月十一日に江戸城を明け渡し、徳川慶喜は水戸へ退隠したが、徳川家相続と封禄下付は未定であった。

直克は、「徳川家の功績は大きく慶喜は恭順しているので、出願を許して寛大な処置を取り、徳川家の枝葉の末席にある直克として感激している」と謝意を述べ、さらに「徳川家に封禄を与え家名相続が実現すれば、各地で官軍に抵抗している徳川遺臣も、朝廷に従うことになると観察される」と、徳川家相続を懇願した。

「東北の形勢は徳川家遺臣が脱藩して引き起こしたもので、君臣の至情として主君を案ずるとともに、自身の生活に不安を感じての行動であり、主家の安全と自身の生活の保証が与えられれば鎮静すると思われるので、徳川家へ三〇〇万石を下付されたい」と、旧幕府軍の戦闘を弁護しながら、徳川家への三〇〇万石下付を出願した。岩倉具視の意向を受けた松平慶永から依頼された、慶喜謝罪運動を松平直克は滞京最後の日に実現したのである。

五月二十四日に徳川亀之助（家達）への相続と駿河府中で禄高七〇万石を与えることを朝廷は決定し、

後に静岡藩を立てさせた。

松平直克は謝罪状を提出した閏四月十日に京都を出発し、二十五日に前橋に到着した。

帰国した四日後の閏四月二十九日に直克は前橋を出発し、五月五日に江戸城で大総督宮有栖川宮に面会した。前橋藩の飛び地領のある総野地方鎮撫を命じられるとともに、大総督宮からの東国鎮撫についての質問に対して、直克は巡察使を廃止して上野国一国の鎮撫委任を出願したところ、「賊徒が官軍に抵抗しているのでその平定と民政につき取締行き届くように」と、前橋藩に上野全国鎮撫を翌五月六日に命令され、大総督府参謀がその旨を上野国諸藩に達した。

六日に勝海舟が直克を訪れ、「当節の事を談ず」と、江戸を中心とした治安状況についての情報を提供したようである。旧幕府軍脱走兵のことなどを中心とし、十五日からはじまった彰義隊との戦いを前に、勝海舟は不穏な江戸鎮撫のために前橋藩の軍事力提供を直克に依頼したのであろう。

翌七日に前橋藩留守居に対して、「鎮撫の事につき人差し遣わしくれ候よう頼みたし」と、彰義隊の暴発を畏れた勝が、事前にその鎮撫をするために前橋藩士の派遣を申し入れた。

五月二十日には勝が前橋藩邸に家老四王天兵亮を訪問し、輪王寺宮の所存はよろしくない旨を内話した。彰義隊の盟主に擁立され、上野戦争の敗戦により仙台へ逃れ、奥羽越列藩同盟の盟主となった輪王寺宮の東征軍に反抗する行動は、徳川慶喜引退、徳川家相続、封禄下付の恭順路線の妨害となることを危惧したのであり、前橋藩に勝がそれを相談したのは直克の人柄とともに、旧幕臣が前橋藩に信頼と期待を寄せていたからであろう。

閏四月十三日に、総督府は彦根藩士大音龍太郎、土佐藩士豊永貫一郎、監察原保太郎を上野国巡察使に任命し、前橋・沼田両藩を指揮して、利根郡戸倉村（現片品村）に出没していた会津軍を討伐させた。

五月十日には大音龍太郎と、久留米藩士柴山文平を軍監に任命し、上野国監察を命じた。六月十七日に岩鼻県を設置し、大音を知県事兼軍監に任命した。六月二十日に柴山は利根郡沼田から土出村まで行っており、利根郡で会津軍討伐に尽力していたが、七月に安房、上総監察兼知県事に任命され、上野国からは離れた。

五月十五日に直克は前橋に帰城すると、上野国の鎮撫について協議するために、上野国諸藩に前橋城に来ることを十七日に通知した。

会津戦争終了後の明治元年十一月二十一日、前橋藩は上野国鎮撫を免除された。代わって東京市中取締を命じられ、六小隊を派遣して市中警護を二年五月までさせた。

慶応四年六月五日に彰義隊が破れた後、旧幕府勘定奉行拘組隊長が二、三〇〇人を引き連れて前橋領内の小相木村に逃げ込み、「御当家様の儀は主家〔徳川家〕別段の御間柄」なのでと前橋藩へ投降してきたため、赦免と江戸帰住を直克が大総督府へ出願したところ、帰住を許され、徳川亀之助家来に引き渡し謹慎させた。旧幕臣が前橋藩を信頼し期待していたことを示す事件である。藩内でもそれに呼応する雰囲気があり、少年斎藤壬生雄が会津藩に加担して東征軍に反抗したのも、藩内のそうした雰囲気を感じ取ったためである。

前橋藩は松平直克が徳川家の譜代大名としての意識を強烈にもって藩政を執行し、それを前藩主以来の重臣が支えて保守的な藩政執行を行っていた。激動期であったために能力の優れた下級武士を一部に登用はしたが、藩政中枢に登場することはなかった。武力に優れていた斎藤壬生雄の父衛夫も、軍事を担当して登用され、京都警備などに活躍したのである。

富津陣屋事件

慶喜謝罪運動とは別に、前橋藩が東征軍から疑惑の目をもって見られることになった要因が、上総に飛び地があったために警護を担当した富津陣屋での事件である。その責任をとって前橋藩重臣二人までが切腹する大きな事件に発展した。

川越藩には上総国に分領があり、陣屋を向郷村（現君津郡久留里）に置いて支配したが、文政十一年（一八二八）に望陀郡三本松（現富津市）に移し、九八ヵ村一万七〇〇〇石余を支配した。

文化七年（一八一〇）に築造された富津台場守衛を、二本松藩主丹羽長国に代わって前橋藩主松平直克が慶応三年（一八六七）三月に命じられ、前橋町在奉行白井宣左衛門を房総町在奉行に任命し、三〇余人の兵士を置いて同年五月に富津台場を警護させた。白井は禄高一二〇石で、相州台場警備奉行、勘定奉行を歴任し、前橋城再築に尽力した前橋藩の重臣である。元治元年（一八六四）に命じられた第二・第五御台場警護は丹羽長国と佐倉藩主堀田正倫に代わった。

翌慶応四年四月、江戸城の無血開城が実現し、戊辰戦争の大きな山場を越えたが、幕臣の一部は江戸を脱走し各地で抵抗した。上総西部に旧幕府撒兵頭福田八郎右衛門の率いる約三二〇〇人が集結し、徳川義軍府と称して久留里藩や鶴牧藩などから武器・兵士を徴発し、木更津を根拠地としてほぼ周辺を制圧し、四月下旬には市川や船橋まで進出した。前橋藩は兵士二〇余人を派遣して富津陣屋の警護を増強した。四月十四日に旧幕府軍が富津陣屋に来て、徳川家回復に同意と加担を求め、会津藩もすでに国境に派兵して江戸城攻撃の準備をしているので、海路浦賀に出て東征軍を背後から攻撃し、さらに軍事力の手薄な京都・大坂に出兵する予定であり、そのための兵糧供出を要求した。白井は要求に直接答えることは避け、徳川宗家に対して疎意のないことを答え、退去させた。

閏四月二日にふたたび要求があり、すでに房総の諸藩は徳川家再興の同盟を結んでおり、富津陣屋だけ同意がないので血気さかんな浪士が攻撃する可能性があると恫喝した。白井は江戸屋敷とも相談のうえ、無勢で抵抗するのは困難と判断し、要求を容れて富津陣屋の兵士半数を脱藩させて投降させることに決定した。しかし、旧幕府軍は兵士だけではなく陣屋と金穀・兵器の供出を要求したので、富津陣屋も明け渡した。さらに砲台手二〇人を富津陣屋から貸与した。その顛末を江戸屋敷、前橋城に報告し、前橋藩から総督府へ報告した。旧幕府軍と交渉した重役小河原左京は旧幕府軍の反東征軍への加担の要求と、前橋藩存続のために東征軍への恭順姿勢を維持すべき重役としての立場との板挟みから、三日の晩に切腹した。

東征軍は副総督柳原前光が諸藩兵を率いて閏四月七日に佐倉藩を帰順させ、房総の制圧に乗り出し、五月末にはほぼ制圧した。

富津陣屋から武器・金穀と砲手を供出させた旧幕府軍は、安房から箱根へ行き、小田原藩士とともに東征軍を襲い軍監を殺害したが敗走し、駿河・甲斐方面へ向かった。その間に富津陣屋は東征軍が奪取して前橋藩へ返還された。

六月になりふたたび脱走兵が房総へ集結したので、富津陣屋の藩兵が襲って敗走させ、脱走兵のなかにいた前橋藩兵の一部を捕らえ、その処分を大総督府に照会した。

房総の制圧のために佐貫に派遣された東征軍の筑前福岡藩士が、勝山付近に集結している旧幕府軍を、佐倉藩と前橋藩とに協力して追討することを命じ、それに応じて富津陣屋の前橋藩兵を出兵させた。その後、佐貫の東征軍から富津陣屋重役の出頭を命じたので、白井宣左衛門が出頭した。

東征軍は前橋藩が富津陣屋の兵器と兵士とを旧幕府軍に供出したことは、朝廷に対して異心があるものとみられると詰問した。白井は担当した小河原左京がそのために切腹して責任をとったと、了解を求めた。しかし、小河原切腹後、白井が指示し貸与した兵士二〇人が箱根で東征軍と戦い、さらにその指揮者を陣屋に潜伏させたことを届け出なかったことは、異心があるとみなさざるを得ないと追求した。白井が陣屋帰着後、兵士二〇人貸与、富津潜伏中の処置について職務不行届の謝罪状を執筆し、切腹した。それにより軍監の嫌疑は晴れたという。直克からも大総督府に白井宣左衛門切腹の経過を報告して謝罪し、許された。

八月に旧幕府軍が上総に出没するので、佐倉、久留里、飯野各藩などとともに前橋藩も出兵を求められ、各藩兵がそれに応じて出兵し、旧幕府軍を撃退した。上総がやや鎮静したので、前橋藩は出願して富津陣屋から撤退し、三本松に移り、佐貫城警護を命じられ、富津の兵士を佐貫へ派遣し、さらに佐倉城受取を担当した。九月に旧城主阿部正恒が謹慎しているので、その赦免を大総督府に二十三日に出願し、十月七日に許され、佐倉城地を返還され、十二日に前橋藩から引き渡した。

明治元年（一八六八）十月十日、前橋藩は安房・上総の分領四万石余の上知を命じられ、代地を上野国内で与えられ、富津陣屋を引き払った。

上総分領での事件ではあるが、前橋藩士の一部が反東征軍に加わり、箱根で東征軍と戦ったのは事実であり、処理を誤れば藩の存続に関わる可能性はあった。

東征軍前橋城入城

慶応四年（一八六八）閏四月、長州藩士で東山道先鋒総督府東征軍内参謀祖式金八郎が、北越諸藩の兵と旧幕府軍脱走兵とが上越国境に出没するので、巡検のために上野国に入った。

祖式の父縫殿は安政二年（一八五五）の萩藩分限帳では禄高六七〇石五斗一合の上級武士であり、同五年に縫殿が病死し金八郎が十四歳で家督を相続した。慶応四年、二十四歳であった。

祖式は慶応四年三月二十四日に「軍務多忙につき」と総督府の内参謀に任命され、平常時であればその能力はないことを推測させる発令である。別な記録では祖式は「斥候」とあり、長州藩の密偵をしていたようである。

祖式は四月一日に彦根、岩村田、須坂三藩の兵を率いて、軍監二人とともに春日部から宇都宮へ出陣し、さらに結城へ出陣して五日に結城城を落城させた。しかし、武井・小山で大鳥圭介軍と戦い敗れ、八日に今市へ出陣した軍監が宇都宮から援軍し、十九日に宇都宮城を占拠した大鳥軍を追って宇都宮へふたたび転戦した。二十二日に宇都宮城を追われた大鳥軍は壬生城を攻撃して激戦となったが、敗れ会津へ逃れた。

祖式は四月十九日に古河藩に軍用金、銃器、兵糧献納を命じ、二十九日には足利へ到着した。閏四月四日に佐野藩に入り藩主堀田氏の謹慎を命じ、軍用金献納を命じた。八日に前橋、佐野、足利、須坂四藩兵を率いて沼田に到着し、軍用金を献納させた。この後、須坂藩兵を率いて前橋へ来たのである。

祖式は権力を握ったばかりで、総督府の名前を出せば藩主も平伏し、命じれば軍用金・銃器も無理に工面してでも献納させることができる、強大な権力を行使することにおぼれた暴君となっていた。祖式家は萩藩では名門の家柄で幕末に保守的な立場をとったためか、維新期に重要な役割を果たすことができなかった焦りがあったのであろう。

祖式が勢多郡小暮村（現富士見村大字小暮）に来て前橋藩重役に面会し、北上州の沼田への出兵を要求した。これに対して、藩主は江戸へ行っており手勢が少ないので出兵は困難であり、代わりに前橋近辺の鎮撫を申し出たところ、内参謀は承諾せず、沼田出兵を強要した。やむを得ず三隊を出兵させたが、祖式は精兵の出兵を要求した。重役が城地守護のために精兵の出兵は困難であると弁明したところ、「さほど城地が大切であれば出兵には及ばない、堅固に守護すべし、家中はことごとく佐幕であることは明らかであり、富津陣屋での切腹も幕府への忠誠のためであると聞く」と祖式に脅迫され、あわてて精兵に替えて出兵させた。

閏四月十二日に祖式金八郎は前橋城に入った。騎馬のまま城内に入り、書院へ土足で上がり、厩から藩主の馬を出させてこれに乗って帰った。藩士は祖式の傍若無人の振る舞いに激昂した。

祖式は下野国佐野藩主堀田正頌に対して謹慎と御用金献納を命じたが、総督府に無断で行った専断の処置であることが判明し、閏四月十六日にわずか二ヵ月で内参謀を罷免されてしまった。さらに二十三日には総督府が沼田藩から献納された軍用金を同様の理由で同藩へ返還した。

これらのことから窺えるように、祖式金八郎は総督府という虎の威を借りて強権を振るうだけの無能な指揮者であった。祖式の内参謀任命は、地方政権であった薩摩・長州藩が全国政権となりはじめたために、急激に組織が拡大した非常事態による例外的な発令であり、祖式は萩藩における名門意識から、総督府内の指揮者の意向を無視して理不尽な独断専行を行ったのである。しかし、たとえ理不尽であろうと敗者が勝者に反抗することは困難であった。

仙台に入った参謀世良修蔵の品性に欠けた横暴な態度に憤慨した仙台藩士が彼を暗殺し、それまで反対論もあり結論が出なかった奥羽越列藩同盟締結のきっかけとなり、以後東征軍に三一藩が組織的に反抗することになったのと、類似した状況であった。斎藤壬生雄らが募った同志が多数になれば、決起して仙台藩と同様に祖式を殺害し、前橋藩が組織的に東征軍に反抗する可能性があったのである。

しかし、前代以来の重臣が権力を掌握する保守的な政治体制を維持した前橋藩では、家老たちは前橋藩の保身を優先して、決起を抑圧した。

そのなかで敏感な斎藤壬生雄らの少年たちが個人的に脱藩して会津藩に加担して東征軍に反抗したのである。

これが斎藤壬生雄脱藩の原因をつくり、その後の斎藤の一生を左右するほど大きな影響を与えた、東征軍との皮肉な出会いであった。

会津戦争

斎藤壬生雄らが脱藩のうえ加担した会津藩と前橋藩の関係を見ておこう。

慶応四年（一八六八）一月四日に会津藩の家臣堀藤左衛門、安部井政治が重役梶原平馬の書状を持参して前橋藩を訪れた。

徳川慶喜が大政奉還し天下の衆議を尽くして国威を立てるはずだったが、現今の状況は朝廷内で薩摩・長州らの「姦人」の画策によるものと推測できる。このままでは徳川家の形勢が憂慮される。前橋藩と同様に会津藩も累代の徳川家の恩顧に報いるために、あらん限りの力を尽くす決心である。前橋藩の意向を聞かせられたいとの質問に、前橋藩重役は同感であると答えた。

一月四日という鳥羽伏見の戦い直後の、勝敗もまだ流動的で開戦の情報もまだなかったかもしれない段階に、徳川家のために会津藩が前橋藩との共同戦線を申し入れ、前橋藩がそれに応じたのであり、共同して徳川家のために決起する密約が成立したともみられる。

鳥羽伏見の戦い後、一月十七日に東征軍は仙台藩に会津追討を命令した。徳川慶喜は幕府軍の主力として戦った会津藩主松平容保らに、江戸城登城禁止、謹慎を命じ、容保は二月十六日に会津へ帰った。四月に東征軍が江戸城を接収し、宇都宮城を占領した大鳥圭介軍を破ったが、関東制圧のめどはまだ立っていなかった。江戸では彰義隊が結成され、旧幕府軍が脱走して上総、下野等各地で抗戦を続けていたので、東北地方に軍隊を派遣することはできなかった。

四月十日に会津藩は庄内藩と軍事同盟を結び、藩境を固めた。三月に鎮撫使が仙台藩に赴き、会津征討を督促したが、東北諸藩の会津赦免願が拒否され、五月に参謀世良修蔵の傲慢にたまりかねて仙台藩士が殺害したことをきっかけに、仙台藩、米沢藩、長岡藩等の三一藩が奥羽越列藩同盟を締結して、輪王寺宮公現法親王を盟主として東征軍に抵抗することになった。

仙台藩を中心として、白河口を確保してからさらに南下する、会津藩は日光へ進出し、宇都宮城を占拠し関東を制圧し、江戸城を回復し東征軍の背後を突き京都を奪取する作戦を立てた。そのなかで関東制圧については「常野の諸藩を引きつけしばらく利根川を境にして同盟を固め、かたわら房総までも手を延ばし」「信州・上州・甲州までも手を延ばし関東に依頼し、応援の勢を張り見機を窺い進取」するために、「有志の族を馳せ東西響応の策略打ち合わせ」と、各地に密使を派遣して、前橋藩を含む上州諸藩を味方に引き入れて東征軍と対峙する構想を示した。

一月の会津藩使者と前橋藩重役との密約もあり、北関東を連合させて東征軍を制圧しようとする構想であり、その要として前橋藩が位置づけられたのである。

東征軍は東北地方制圧のために、五月十九日に白河口総督岩倉具定、参謀板垣退助らを任命し、江戸を出発した。

五月から旧幕府軍、桑名藩兵、新選組、水戸脱走兵など加勢の軍隊約四一〇〇人が会津に来た。

七月十八日に奥羽越列藩同盟盟主輪王寺宮が「前橋、土屋〔常陸土浦〕、大久保〔小田原〕、高崎へ令旨」を出し、正式な使者を前橋藩などへ派遣することを検討した。

すでに閏四月二十六日に輪王寺宮執当の覚王院義観、竜王院尭忍が、輪王寺宮の薩摩など四藩討伐の令旨を、会津藩主松平容保とともに前橋藩主松平直克に出しており、前橋藩への期待は大きかった。

四月上旬から八月中旬まで激戦が続いた越後方面での戦いは、黒田清隆・山県有朋らの率いる薩摩・長州藩兵が、会津軍の武器供給をしている新潟港を攻撃し、五月十九日に長岡城を陥落させた。しかし、七月二十四日に長岡藩家老河合継之助らの活躍により反撃して奪回し、東征軍を柏崎方面に走らせた。それもつかの間で、降伏した新発田藩を加えて東征軍が反撃し、二十九日にふたたび奪い返され、八月には会津へ退却した。

利根郡戸倉村（現片品村）に会津藩兵が出没するので、閏四月八日、館林にいた総督府内参謀祖式金八郎が前橋藩などに沼田出兵を命令した。さらに、十九日に上野国巡察使大音龍太郎が上野国各藩に沼田出兵を命じた。これに対して前橋藩では藩主不在を理由として出兵猶予を出願し、すでに沼田へ出兵していた前橋藩兵をそれにあてた。

前橋藩兵が三国峠に向かい、高崎藩兵などとともに二十四日に会津軍と戦って敗退させ、六日町まで追撃した後に、沼田に引き上げ、五月七日に前橋から新たに派遣された藩兵を加え、今度は戸倉村へ向かった。

前橋藩では新たに藩兵を出兵させるとともに、駿河・遠江・三河および信濃・越後へ家臣三人を派遣した。直接会津へ向かうのでは疑われるので各地を経由して、会津へ行かせるためであったという。また、日光方面へ出兵した会津軍へ前橋からの密使が派遣されたともいう。

使者の目的は「前橋藩は会津藩に賛成である、時機をみて挙兵する。しかし、その条件として戸倉村へ出兵した会津藩兵に対し、東征軍が領内に多数入り込み挙兵の妨害になるので、進軍を差し控えられたい」という前橋藩主の伝言を伝えることにあったという。使者はその後松平容保に面会したともいう。一月の会津藩使者への答礼とも考えられ、会津藩と共同して前橋藩が挙兵する密約があったとも推測できる。

六月二十日、会津藩士が利根郡土出村に来て、出兵していた前橋藩士に嘆願することがあった。七月になっても会津藩士が戸倉村に来て前橋藩士との面会を求めたが、前橋藩は会津藩との内通の嫌疑を恐れて、沼田藩士とともに会見して以後の面会要求を拒絶した。

会津戦争終結まぢかの九月十三日にも、日光の前橋藩宿坊の浄土院の僧侶三人が勢多郡端気村（現前橋市）の善勝寺に来て、東京で同志を募って佐幕のために奥羽軍に呼応する予定であり、前橋藩に同盟への加入を求めた。藩士と議論になり僧侶のうち一人は殺害され、二人は逃亡した。

会津藩と前橋藩とが挙兵を密約したことが広く信じられていたのである。少なくとも、奥羽越列藩同盟は東征軍に反撃するために前橋藩の挙兵に期待し、必死にその勧誘をしていた。しかし、前橋藩は藩の存続を優先して立たなかったのである。

戊辰戦争は日光方面や奥州白河城をめぐっての攻防が繰り広げられ、五月に白河城、六月に棚倉城が落ち、七月には秋田藩が奥羽越列藩同盟から離脱し、同盟各藩の兵隊はそれぞれ帰藩しはじめ、七月二十九日に二本松城が落ちた。八月には会津国境に東征軍が迫り、会津若松城をめぐって攻防戦を展開した。九月四日に米沢藩、十四日に仙台藩などが降伏して奥羽越列藩同盟は崩壊し、会津藩は孤立して戦いを進めた。八月二十二日、白虎隊員の自害があり、九月二十二日、若松城が落城し、藩主松平容保らは米沢へ逃走した。奥羽を制圧した東征軍は会津進軍の休兵を十月九日に命じ、会津戦争は終結した。

しかし、会津藩兵が上野国方面へ逃走してくる可能性があり、戸倉口の警戒を厳重にした。足尾銅山付近に会津藩兵が出没するとの情報により、前橋藩兵を十月二日に派遣した。

前橋藩は戸倉から尾瀬の三平峠を越えて会津追討に進軍することをはかったが、道路険悪のうえ降雪が近いので各藩と協議し、各藩とも疲弊のなかにここまで進軍し、このうえの出兵は困難であると逡巡し、前橋藩単独で進軍を決定した。檜枝岐まで進軍したが、敵兵を見かけず、会津藩兵はいないと判断して、九月十二日に守備兵を残して戸倉口から各藩とともに兵士を引き上げた。守備兵も二ヵ月後の十一月十七日に引き上げた。

明治二年三月に前橋藩は版籍奉還を出願し、四月十九日に許可され、八月に直克は前橋藩知事に任命された。

同年八月九日、直克は病身を理由として、富山藩主前田稠松の義弟栄之助を養子とする願書を提出し、さらに直克は致仕を出願し、二十五日に許可され、栄之助は直方《なおかた》と改名して前橋藩知事を継いだ。

雲井龍雄事件

斎藤壬生雄と一緒に脱藩し、会津軍に加わった屋代由平が雲井龍雄に同行して利根郡戸倉村で、前橋藩士によって斬殺されたが、雲井と接触し同行した経緯はよくわからない。

米沢藩探索方に任命された雲井は慶応三年（一八六七）以来、京都にあって諸藩有志と交わり、四年正月に新政府の貢士となったが、五月に江戸に下り、若松、米沢から、藩主が出兵していた北越へ行き、奥羽越列藩同盟の結束を固める運動をした。

六月十一日に「討薩檄」を執筆して東征軍への抵抗を呼びかけた。それによれば、薩摩藩を「薩賊」と決めつけ、かつては攘夷を唱えて幕府を攻撃しながら、今日にはその主張を放棄して外国公使と親しく交わっている。伏見の戦いは公戦か私戦かあいまいなままにわかに錦旗を動かして幕府を朝敵とし、むりやり戦争を仕掛けた。天皇の命令を借りて私怨をはらそうとするものであり、東征中に官軍の名を借りて暴威を振るっている。徳川氏の譜代大名をして徳川氏を追討させて君臣の別を乱すなど、五倫の道を乱す元凶である。大義名分を重んずるために、奥羽越列藩同盟とともに薩摩を討つべきであると、激烈に訴えた。

六月十二日に雲井は米沢藩総督・参謀に対して、東征軍の背後で挙兵させるべく上野国・下野国に運動するために潜行を出願した。七月に会津に戻り、松平容保に上州行きを建言し、容保はそれを認め、扇子を直接渡して激励した。

雲井は会津を十七日に出発し、二十四日に会津藩領の下野国塩谷郡五十里（現藤原町）に到着し、旧幕府軍を指揮し下野国今市から退いてきた大鳥圭介に会って協議した。「前橋の報を待つべし」と、前橋に密偵を放ったのであろう、その報告を待って運動することにした。

しかし、前橋藩の状況は思わしくないので、同行の旧幕府代官羽倉外記の養子羽倉綱三郎の実父林鶴梁が藩主に招かれた縁があるので、羽倉の勧めで沼田藩も遊説することにした。

沼田藩主土岐頼知の養父頼之は桑名藩主松平定永の九男であり、美濃高須藩主松平義建の七男定敬が養子となって桑名藩主となり、その兄二男が名古屋藩主慶勝、六男が会津藩主松平容保であり、東征軍にもっとも抵抗した会津藩主、桑名藩主と沼田藩主が姻戚関係にあったため、頼りにしたのである。

土岐頼之はそのために慶応三年四月に隠居して家の安泰をはかり、先々代藩主土岐頼功の三男頼知に家督を譲った。頼知は慶応四年四月に江戸を出発して上洛し、閏四月十日に恭順を示すために朝廷に誓約書を提出した。

羽倉は輪王寺宮に随行してきたが、宮が奥羽越列藩同盟の盟主に擁立され、若松に落ち着くと、上州・野州に戦局挽回をはかるために雲井に同行し、檜枝岐から尾瀬を越えて利根郡に向かい、若松城の攻防が続いた八月十三日に利根郡戸倉村から東小川村に到着した。

八月十四日に雲井龍雄一行が利根郡須賀川村（現片品村）に来て、前橋藩兵に沼田・前橋藩へ訴願があると伝え、隊長に面会を求めた。雲井の一行は九人といい、羽倉綱三郎、五十里から同行した日光の僧桜正坊や、斎藤壬生雄とともに脱藩して越後口で戦った後、会津へ赴いた前橋藩士屋代由平もそのなかにいた。

戸倉を警護していた前橋・沼田・小幡各藩士が協議したうえで、雲井の訴願の取り次ぎを拒み、通行を拒否し、東征軍の巡察使が殺害を許可したため、須賀川の近くの字立沢で前橋・小幡両藩士が謀殺をはかり、羽倉綱三郎、屋代由平、桜正坊の三人を殺害したが、雲井・斗南藩士原直鉄らは逃走した。屋代由平は十八歳であった。

戸倉村に首級をさらし、その罪状文に、雲井龍雄らが「佐幕の虚説」を唱えて上州の諸藩を勧誘をはかった「逆賊」であるので処刑したと記した。

明治三年（一八七〇）に雲井龍雄に連座して処刑された原直鉄は、雲井が「上野両州の諸藩連合」をはかって沼田藩への嘆願を意図したと供述した。雲井龍雄らは奥羽越列藩同盟に上州諸藩、なかでも前橋藩を味方に引き入れ、決起させるために画策していたのであった。その運動をするために、前橋藩士の屋代由平を同行させたのであり、雲井が説得したのであろう。屋代は斎藤壬生雄らと越後口転戦後会津へ赴いた折に雲井と接触し、屋代だけが同行したのであろう。斎藤壬生雄も雲井に同行する可能性があったのである。

昭和九年（一九三四）になり、須賀川で処刑された三人を顕彰する「三烈士之碑」が同地に建てられた。扁額を徳川家達が書き、前橋藩主松平直克の孫松平直冨らが賛助者として名を連ねた。羽倉鋼三郎の一族の羽倉敬尚が碑文を執筆した。大要は次のとおりである。

> 明治戊辰の変、旧幕臣羽倉鋼三郎、前橋藩士屋代由平、日光山僧侶桜正坊隆邦、米沢藩士雲井龍雄、会津《（ママ）》藩士原直鉄等が会津から山路を本村に到着した。奥羽諸藩を糾合して徳川氏の賊名をそそぐためである。しかし、時すでに会津の落城が近かったためにいかんともできなかった。しかし、一片の義胆、節を官軍に屈するのはいさぎよくないと、本村の星野福三方で一〇日余を過ごし、村民吉沢和吉、星野寅吉らの庇護を受けて、前橋・沼田二藩に勧説を試みたが、八月十八日、官軍が襲撃し、憤然と

して応戦したが、多勢に無勢で羽倉、屋代、桜正坊の三士は後事を雲井、原に託し星野弥平家で壮烈の最後を遂げた。

それから六六年が経過し、往事は茫漠として明瞭でなくなったが、強烈な印象を受けた三士の壮烈な最後について村民は口碑に伝え、墓前には香華がたむけられている。彼らは当時は賊名を冠せられていたが、明治二十二年の憲法発布を記念した大赦を受け、村民が相談して碑を墓側に建て三烈士の英霊を弔い、その業績を顕彰することになり、鋼三郎の一族である私に執筆を依頼したので、建碑の由来を略述するものである。

昭和九年九月

陸軍一等主計従六位　羽倉敬尚撰並び書

建碑主唱者代表　片品郵便局従七位勲六等功七級　大竹梅吉

（外一六人、賛助者二〇余人）

なお、雲井龍雄はその後若松から米沢に帰り、米沢藩降伏を聞いた。明治二年集議院寄宿生となり、政府に嘆願書や意見書を提出し、三年十二月に同志を糾合して挙兵し、封建制度復旧のために政府転覆をはかったとして死刑に処せられた。

斎藤壬生雄は越後口転戦後会津へ行ったとしか脱藩後の軌跡はわからないが、その同志屋代が雲井龍雄と行動を共にし、前橋藩決起を促す運動をした。前橋藩が決起しないことに焦慮する思いは斎藤壬生雄にも共通しているので、斎藤も雲井と行動を共にする可能性があったのである。

藩士の生活

十七歳の斎藤壬生雄は主君を侮辱した総督府内参謀の行動に激昂して、会津軍に身を投じるほど武士としての忠誠心に燃えていたが、当時の川越（前橋）藩士の実状は幕末の世相を反映して芳しいものばかりではなかった。

藩士白井主計が隠居を命じられたのは甥白井銚太郎の不行跡が原因であり、甥は切腹をした。白井銚太郎は以前から飲酒のうえ不始末が多かったが、文久二年（一八六二）五月三十日、領内の小久保村の村民のせがれ二人と一緒に酒を飲み、ひとりが変死した。禁止されている藩士と村民との飲酒が発覚するとともに、変死につき疑惑があったのに、その場で処理せずに不都合であり「士道にあるまじき柔弱」の行為と罰せられ切腹させられた。白井が申し込んだ借金を拒絶したうえ、白井に悪口をあびせたので、白井が斬殺したという風評があった。武士が村民と酒を飲んで武士が申し込んだ借金が理由で変死事件となったのである。

祐筆の松野央は遊興にふけり継母を粗略にしたので、禄高一〇〇石を減じ蟄居を命じられた。

藩士が川越城下の寡婦方で飲酒をしていたのを町人から雑言を浴びせられ恥辱を受けたのに、そのままにしたことを咎められ、元治元年（一八六四）十月に追放処分された。密通の嫌疑で追放された藩士もいた。

藩士内海権介の子どもが飲酒のうえ川越町で町人を殺害したことを理由に、慶応二年（一八六六）、切腹を命じられた。

慶応三年十一月に重役沼田杢之允が禄高のうち四〇〇石を減知され隠居を命じられたのは、末娘の品行が悪く家事放縦、男女・上下の区別が立たないことを理由とし、藩士の子女の不品行を原因とした。

明治元年（一八六八）十一月に本間錦太郎が総社町植野新田の居酒屋で飲酒の帰途、暴漢に襲われて両刀を奪われたことを恥じ、翌月に切腹した。

明治二年三月に藩士筒井藤四郎らが殺害された。筒井は幕府大砲方に所属し、元年十一月に前橋へ戻り砲術を教授していた。前橋の寄席で喧嘩となり、この日に呼び出されて斬殺された。寄席での喧嘩が原因となって、藩士が殺害される殺人事件に発展したのである。

藩内だけでなく江戸、京都でも事件を起こした。

江戸詰めの川越藩士二人が飲酒のうえ元治元年七月に外出し、市中巡回の幕吏に拘引され、川越藩名を出して内済にしたことは士道にあるまじき行為として九月に追放された。

藩士小倉重次郎は慶応三年に脱藩したうえ、江戸上屋敷に侵入して火事羽織等を盗み、下屋敷でも脇差・小袖・現金三両等を盗み、捕縛され斬首に処せられた。

京都でも足軽に失態があり追放されたという。

処罰後、藩内の家中に対して、士道を大事にし、ことに若輩の者は日頃から身を慎み武士としての覚悟を重んずるようにと、諭達した。

明治元年十一月に吉良銀左衛門二男は藩から預かった銃を売却して品川の遊郭で遊び、謹慎を命じられた。

明治二年二月二十九日、東京で河合政二郎、松井政之助が飲酒のうえイギリス士官シーボルトに無礼の行為をし、前橋藩へイギリス公使館から抗議があり、二人に謹慎を命じた。

飲酒・喧嘩を理由とした処罰が多いが、藩の銃を売り飛ばして遊ぶ金を捻出したり、脱藩した武士が川越藩江戸屋敷に忍び込んでこそ泥をやっている。また、藩士と領民との交流がさかんであり、領民と一緒に酒を飲み、喧嘩となり悪口を浴びせられたり、あげくに町人から借金をしようと紛糾したり、色恋沙汰を起こすなど、さまざまな不行跡が跡を断たない。こうした事件を見ると、武士道も地に堕ちたといわざるをえない。

幕末に川越（前橋）藩士の起こした暗い処罰や事件だけでなく、明るい出来事として藩で徳行者の表彰が次のとおり行われた。しかし、その内容を見ると、儒学の教えを守り、固い修身的日常生活を送っていたと思われる藩士がそうでもなく、さほどでない行為を珍しい徳行と川越（前橋）藩が判断して表彰しており、現在と同様に生活を精一杯楽しもうとしていた幕末の世相を反映している。

〈慶応元年〉

辻源五郎妻　質素に家事を尽くす。銀五枚下付。
伊藤吉兵衛娘　物見遊山を好まず、家事に尽くす。銀五枚。
野口権右衛門母　家事に尽くす。金一両。
上羽準右衛門　職務精励。金五〇〇疋。
木村庄司妻　姑に従い家内和合。金五〇〇疋。
小山猶三郎妻　病気の夫に仕え飲食等に意を尽くす。金三〇〇疋。
〈明治二年四月〉
中島仙太郎　平素勉励、母孝行。金三〇〇疋。
乙部男次郎妻　大家族家政整備、夫孝養。終身一人扶持。
羽田是七郎姉　両親死後、家計維持。終身一人扶持。
山口米四郎・久保木竹吉　両親孝行。金三〇〇疋。
瀬谷又市　病親看護。金五〇〇疋。
江頭保太郎　両親看護、家政整備。金一両。
瀬谷登代介・高嶋楯之助・児玉益美　親孝行。金三〇〇匹。
石田杢太郎　祖母・母孝養。金三〇〇匹。
今井正八郎　親孝行。金三〇〇匹。

親孝行、質素、家内和合などを数少ない事例として表彰したのであり、そうではなく、藩士のなかには親をかえりみず、物見遊山を好み、家事に尽くさない者が多かったことを示している。

なお、斎藤衛夫も慶応三年三月に、篤実で多人数の家族を抱えて質素倹約を守り、家内円満で忠実に奉公しているとして褒賞され、葵紋付きの小袖と銀子三枚を与えられた。

幕末の藩士の生活は必ずしも儒学的な教養を身につけ、主君への忠誠心で凝り固まったわけではなく、自由に生活を楽しむ風潮が高まっていたのであり、藩が規制する秩序から逸脱する武士が多かったのである。そのなかにあって斎藤壬生雄らの脱藩してまで主君へ忠義を尽くそうとした行動は、前橋藩内では特異な事件であり、だからこそ斎藤が会津から帰国した後、父は隠居となったが、壬生雄自身は藩から厳しい処分を受けることもなく、藩校への入学が許され、藩士からも賞賛されたのである。

斎藤壬生雄とその一族

斎藤壬生雄は嘉永五年（一八五二）二月五日、川越城下で川越藩士斎藤衛夫（看園）の三男として生まれた。

斎藤氏は先祖の又八が松平直矩に仕えて以後、廃藩まで松平氏に仕えた。松平氏が元禄五年（一六九二）から陸奥白川城主であったときに、家禄六石二人扶持で召し出され、その子粂八が転封先の前橋・川越の江戸屋敷に勤め、一二石三人扶持となり、養子陸平隆政、養子陸右衛門隆賛と続いた。斎藤陸右衛門は嘉永五年に家禄二〇石四人扶持を給されていた。男子が二人生まれたが早世したので、川越中原の小勝仁兵衛安近の九男衛夫を養子とし、安政元年（一八五四）に家督を相続した。妻は陸右衛門の三女はち。

後に民権運動家となった小勝俊吉は小勝仁兵衛の三男竹次郎の嫡男であり、斎藤壬生雄とは従兄になる。小勝竹次郎は家禄一五人扶持であった。小勝俊吉は明治二年（一八六九）三月、前橋藩の小姓に任命された。ともに前橋藩の中級武士であった。

明治六年の「貫属家禄調」（群馬県立文書館所蔵）には、家督を父衛夫から譲られた斎藤素也の家禄は次のとおりに記載されている。

家禄十九石弐斗　北第一大区小一区　斎藤素也

藩籍奉還、廃藩置県後の家禄は四分の一程度に減額されたというから、明治維新前の斎藤家の石高は一〇〇石前後であったと推定できる。

なお同じ史料に小勝竹次郎も家禄一九石弐斗とあり、七年八月二十二日に小勝俊吉に家督を譲った。

斎藤衛夫は当時の武士としての教養を身につけ、忠義を何よりも大事に考えたが、「主君のために死ぬのは当然であるが、一人の敵と戦って死ぬより、大勢の敵と戦うには人を使う身分にならなければならない」と十九歳のときに発憤し、文武に励み、北条流槍術は十文字槍の免許皆伝、外記流砲術を学んだ。また、測量術にたけ、前橋城再築に際しては縄張りを命じられたという。慶応元年（一八六五）には川越城絵図面作成を命じられ、同三年に前橋地理調べを担当した。

斎藤壬生雄系図

- 小勝仁兵衛
  - 条太夫（砲術師範）
  - 織部（白井頼母養子）
  - 金平（養子）
  - 竹次郎――俊吉
  - 衛夫 ＝ はち（斎藤陸右衛門――はち）
    - 斎藤素也（大正２年死去）
    - 斎藤亀吉（夭折。嘉永５年死去）
    - 斎藤壬生雄（大正12年死去）
      - ちよ（＝川合信水）
      - 幸祐
    - 藤井精作（明治39年死去）
    - れん（富樫竹次郎へ嫁ぐ。昭和７年死去）
    - 山崎重五郎（山崎千松養子。明治19年死去）
    - 青柳新米（青柳熊蔵養子）
    - 斎藤熊男（生洲観瑞養子、のちに復籍）

幕末に川越藩では幕府の改革に合わせて藩政改革を進めた。天保十三年（一八四二）に川越藩が相州沿岸の警備を命じられてから、軍事力強化に努めた。

文久二年（一八六二）十一月に富国強兵を目的として、急変する事態に対応し、幕府へ忠勤を励み、武門の恥辱を受けることのないように家中一致協力して尽力することを求め、役職・禄高を変更し、弓組を廃止して鉄砲組に改めた。

領地が各地に分散し、軍事訓練をする場所もない川越藩では、改革を進め藩財政窮乏を救うことは困難であるとして、前橋城再築のうえ移転することを文久三年に幕府に出願した。

文久三年二月に藩政改革七ヵ条を追加したが、家臣の冠婚葬祭等の節約を求めたものである。六月にはそれまで禁止していた武術の他流試合を解禁し、武術訓練の強化を求めた。

川越藩は軍備充実を目指して藩政改革を実施したが、その過程で武術に優れた家臣を登用した。斎藤衛夫もそのひとりであった。

文久三年、御親兵の一人に抜擢されて京都へ派遣され、慶応二年五月に軍事方に任命された。翌三年に軍用調べ手伝いを命じられ、次いで軍事方ならびに軍用手伝い、翌四年には兵掛りを命じられ、同年二月の藩主上洛のときは、斎藤衛夫は留守を守り他の三人とともに軍用掛差添に任命され、同年六月まで務めた。同年十一月に病気のため隠居が認められ、長男素也が家督を継いだ。斎藤壬生雄の脱藩の責任を問われたものであるが、家督は長男に相続させており、軽微な処分である。斎藤衛夫は大正二年（一九一三）二月、九十一歳の長寿を全うした。

子どもは男子七人、女子一人が生まれた。長男が素也、二男亀吉は早世し、三男が壬生雄、四男精作、長女れん、五男重五郎、六男新米、七男熊男である。

長男素也は弘化四年（一八四七）生まれ、明治四年十一月に家督を継ぎ、教員となり、大正二年八月、父の死の半年後に七十四歳で死去した。

三男斎藤壬生雄は、嘉永五年（一八五二）二月四日、川越坂上で生まれ、大正十二年（一九二三）十二月二十八日、京都府綾部町弓町の長男斎藤幸祐宅で死去した。七十二歳であった。

四男精作は安政二年（一八五五）生まれ、教員となり明治三十九年（一九〇六）、五十二歳で前橋町で死去した。

五男山崎重五郎は山崎千松の養子となり、民権運動期には壮士として活躍し、大井憲太郎・磯山清兵衛・小林樟夫が中心となって計画した大阪事件に連座し国事犯嫌疑で大坂監獄署に拘留中、明治十九年七月十四日に獄中で病没した。二十七歳であった（三十歳ともいう）。

六男青柳新米は、慶応元年（一八六五）生まれ、青柳熊蔵の養子となった。明治十八年八月、前橋教会で海老名弾正から洗礼を受け、キリスト者となった。同年に上京して築地一致神学校に学ぶ斎藤壬生雄と同宿して英学を学び、十九年に本郷で布教を開始した海老名弾正を、木檜仙太郎らとともに手助けした。病気のため帰郷し、前橋英学校の教師となり、その後身の前橋共愛女学校に勤務した。上毛青年会に加わり、廃娼運動に参加した。さらにキリスト教を勉学のために二十六年に東北学院へ入学した。三十年に卒業し、兵庫県但馬中学校、静岡県下田中学校を歴任後、三十七年に前橋共愛女学校に戻り、四十一年に同校校長となり、大正十一年まで勤め、同年に後任として柏木義円が校長となり、青柳はその後前橋教会執事を勤めた。昭和二十二年に子どもの青柳秀雄が愛知県知事に就任したので、名古屋市に移転し、三十三年に九十四歳で死去した。晩年に「回想録」（斎藤忠一家文書、群馬県立文書館収蔵）を記録し、そのなかに兄斎藤壬生雄などについての貴重な証言をしている。

七男斎藤熊男は慶応三年生まれ、前橋神明町源英寺住職生洲観瑞の養子となった。

子ども七人のうち四人を養子に出したが、兵役逃れのためであり、実際には子どもたちは親もとに同居していた。

斎藤壬生雄は、川越にいたときに蘭医松山棟庵についてオランダ語の稽古をし、初歩を学んだという。明治二年であろうか、十八歳のときに横浜に松山を訪問し、再会を喜んで小遣いを与えられたので、それを資金にして京都・大坂を巡遊してきたという。

斎藤壬生雄は脱藩し、会津戦争に参加して一年後に戻ったという。その経緯は明らかでないが、伯父の小勝竹次郎は切腹して詫びるという斎藤壬生雄を、会津入りは壮挙であり、徳川氏に対する義理も立ち、父衛夫の閉門も解け、藩士は喜んでいるからと説得して、帰藩させたという。いずれにしろ斎藤壬生雄は脱藩の罪を問われることなく帰藩を許され、藩校博喩堂入学を許された。

斎藤壬生雄は明治二年から四年まで博喩堂で学び、志士として藩士に畏敬され、交友が広がったという。前橋藩は会津藩とともに徳川家の再興の密約をしたとの風説が徳川方の武士の間では広く信じられていたのであり、斎藤壬生雄もその盟約を守らない藩に反発して脱藩して会津へ走り、すでに徳川家存続は決まり、むしろ会津藩そのものの存続が危ぶまれたので、その救援に尽力しようとしたのである。失敗したとはいえ多くの藩士も同様の憤懣をもっていたので、斎藤壬生雄は帰国後藩に受け入れられ、藩士から尊敬の念をもたれたのである。会津藩との密約を公的には否定する藩首脳も、斎藤壬生雄らが脱藩して藩に責任を及ぶことを回避する配慮をして、個人的な形ではあるが密約を履行し、前橋藩の面目を多少なりとも保つことができたことを認め、またそれを支持する多くの藩士の意向を尊重して、父衛夫の隠居を認め、長男に家督を譲らせる軽い処分ですませ、斎藤壬生雄にはあえて厳しい処分をせずに、藩校への入校を許したのである。

廃藩置県後の斎藤家の動向はよくわからない。社会構造が大きく変わり、生活も精神的にも藩士の支えであった藩がなくなることにより、大方の禄高の低い武士がそうであったように斎藤家の生活も困難であったことが予想される。

斎藤衛夫は秩録処分後、近くの前箱田村（現前橋市）に田畑を購入し帰農したが、士族の商法ならぬ士族の農業で三年ほどして土地を手放したという。斎藤壬生雄は近隣の子どもたちを教えてわずかの報酬を得たり、山崎重五郎は足袋屋の見習い小僧になったり、米搗きの奉公をしたという。斎藤壬生雄も就職活動をした。西南戦争直後、明治十年ころであろう、斎藤壬生雄は巡査になる希望を旧前橋藩士の朝岡剛平を通して申し込み、群馬県令楫取素彦のもとで巡査に採用され沼田署に勤務し、十二年に吾妻郡役所書記に転じ、地租改正に伴う地券の清書を行った。同年一月と八月の『群馬県職員録』は「一七等相当」と最下級の書記として斎藤壬生雄を記録している。月給一二円であった。同年二月十四日、前橋藩士谷貝鉱吉の長女さく子と結婚した。

なお、長男素也、四男精作は教員に、五男山崎重五郎も藤岡警察署の巡査に採用された。いとこの小勝俊吉も教員となり、一〇年に前橋町の厩橋・桃井・中川・萱街・敷島各学校の校長を歴任した。小勝家の遠縁にあたる富樫竹次も教員となり、小勝の後任として厩橋学校の校長となった。富樫のいとこに笹治元がおり、小勝家の親戚に久野初太郎がおり、いずれも旧前橋藩士で後に民権運動家として活躍した。

東北学院へ明治三十二年に提出した斎藤壬生雄の自筆履歴書には、次のとおり自分の経歴を記録している（同学院所蔵）。

履　歴　書

仙台市東四丁目二十二番地寄留
群馬県平民　斎藤壬生雄㊞
嘉永五年二月五日生

明治二年ヨリ四年マデ　旧前橋藩立学校ニ入リ漢学修業　前橋藩立学校
明治十八年九月ヨリ二十年十二月マデ　東京築地一致神学校ニ入リ神学修業　一致神学校
明治二十年十二月ヨリ二十四年五月マデ　山形県山形市ニ基督教伝道ヲナス　山形基督教会
明治二十四年五月ヨリ二十六年五月マデ　北海道函館ニ基督教伝道ヲナス　函館教会
明治二十六年五月ヨリ現今ニ至ル　東北学院ノ幹事タリ　東北学院
明治三十一年七月ヨリ現今ニ至ル　仙台日本基督教会ノ牧師タリ　仙台日本基督教会
明治廿六年ヨリ現今ニ至ル　東北学院理事員トナル
明治三十二年八月ヨリ　東北学院倫理科教授トナル

右之通ニ候也

右
斎藤壬生雄㊞

この履歴書では明治四年から十八年までが空白であるが、斎藤壬生雄は会津から帰り藩校に入学し、廃藩置県後は忠誠を尽くす藩そのものがなくなり、他の中下級士族と同様に生活に追われ、明治十年に沼田警察署に勤務し、十二年に吾妻郡役所に勤務する一方で、十一年にはキリスト教徒懇親会に出席した。主君への奉公が不可能となり、忠義を中核とする武士としての価値観が喪失し、精神的にも新しい理念を模索していたようである。

その後は民権運動に活躍するのである。

斎藤壬生雄は中級武士ではあるが、藩主への忠義を何よりも大事にする武士として、数多くの家族・親戚・同僚に囲まれて育ち、主君の恥辱をそそぐべく会津へ参戦したことにより、郷党の指導的地位を嘱望された。廃藩置県により警察、郡役所に職を求め一時前橋を離れたが、前橋藩士族として生きていた。

しかし、キリスト者であった明治三十二年の履歴書には「平民」と自書した。士族としての立場を自己否定したのである。

第二章　民権家として

民権結社大成社設立

斎藤壬生雄は大正十二年（一九一三）十二月二十八日に死去したが、元共愛女学校長川合信水の追悼文と、青木正親執筆の略歴が十三年二月二十八日発行『上毛教界月報』三〇三号にある（追悼文は翌十三年三月七日発行の『東北学院時報』五四号にも転載された）。

それによると、斎藤壬生雄は明治十二年に上毛一四郡の総代として新井毫らとともに国会開設請願内奏の大任を帯びて上京した。以後各国の志士とともに国事に尽くし、自由党の常任幹事となり、総理板垣退助を助け立憲政体樹立のために身を賭して日夜奔走した。そのため、藩閥政府の忌むところとなり、国事犯の嫌疑で河野広中らとともに東京鍛冶橋監獄に収監された、とある。

斎藤壬生雄が群馬県における自由民権運動の中心であるとともに、板垣退助らとともに活動し自由党の幹事に選ばれてわが国の民権運動の中心となって活躍したことを特筆した。

群馬県の自由民権運動は明治十年（一八七七）からはじまる。同年に伊勢崎に豪農商が、民権思想の団体の協同社を結成し、国会・条約改正・繭糸改良法などの政治・産業の課題についてのわが国の急務を議論した。また、高崎には東京の嚶鳴社の支社を宮部襄・長坂八郎らの旧高崎藩士族が結成し、沼間守一、末広重恭らの中央の著名な民権家を招いて演説会や研究を行い、十二年四月に有信社を創立した。有信社は旧高崎藩士が結成した親睦団体であり、民権運動がさかんになるにつれて民権的性格を帯びるようになった。

明治十三年四月四日付けの『群馬新聞』に、「大間々町尽節社、館林の交親会、高崎の有信社、伊勢崎の協同社、前橋の暢権社、集義社、精々(成)社ハ屈指の社にて、是より各郡に陸続結社さる、の様子なり」と、各地に民権政社が結成され活動していたことを報じた。

交親会は館林藩士族の木呂子退蔵らがいた。

精成社は社員が二六九人おり、そのなかに斎藤壬生雄のいとこの小勝俊吉をはじめ、深井寛八、鷲尾雄飛、久野初太郎、猪谷秀麿や吾妻郡の木檜仙太郎らがいて、士族を中心として県内各地の有志が結集した。「講談社員」一八人を設けており、演説の得意な社員を選出して、集義社など他の結社と連合して十三年一月以後前橋でさかんに演説会を開催し、国会開設などを要求した。

大成社は齋籐壬生雄らが十三年に前橋に組織した民権結社である。『自由党史』が斎藤を高崎の有信社員としていることを斎藤が批判して、「余らの同志はみな素養あるものであり、高崎の有信社とは関係がない」と訂正し、前橋の士族を中心とする素養のある同志が大成社で活躍したことを特記した。大成社員を「素養のある者」とし、有信社員よりも士族的教養が高いことを示唆している。精成社と比較すると大成社は小規模であり、新しい価値観を模索する学習結社的性格が強いようである。しかし、大成社は同年四月に発布された集会条例により解散した。

尽節社は十三年二月、大間々町に藤生金六や新井毫らの豪農が創立し、勢多・山田・新田三郡から約三〇〇人が加盟し、国会開設・条約改正を要求した。なお、藤生金六は後に斎藤壬生雄と密接な関係をもつことになる。

この時期の群馬県民権運動の中心は長坂八郎・木呂子退蔵らの士族である。関東地方は譜代藩が多く、維新期に薩長中心の東征軍に屈服したという意識が強く、反政府的行動をとりやすい。

群馬県の民権運動家の中心とされる宮部襄は、高崎藩士族であり、明治維新後は群馬県と入間県とが合併して成立した熊谷県に勤め、八年八月に権中属となり、十月には三等警部となったが、九年三月に辞職した。明治九年に群馬県が成立するとふたたび勤務し、十年一月に十等出仕となり、その後、第四課長、庶務課長、三等警部兼務を歴任し、十三年四月二十一日に長坂八郎（館林警察署六等警部）らとともに辞職したが、すぐに師範学校長になり、それも九月に辞職して以後政治運動に没頭したという。

明治十三年に多くの政社が活発に政談演説会を開催し、多数の聴衆が参加する政治文化運動として民権運動は展開した。

斎藤壬生雄がした政談演説は十三年八月十七日が最初である。

高崎町柳川町磯野幸吉家を会場として高崎の民権家と共同で演説会を開いたことが『群馬新聞』に報道されている。

高崎の有信社の長坂八郎が「無形の圧政政事は真に恐るべし」、豊島貞造が「紙幣下落の原因」、深井寛八が「武論」と高崎の弁士が続き、次いで前橋の弁士が演説をした。斎藤のいとこである小勝俊吉が「弾力の説」、田中純端が「国会開設を請願するは今日にあり」、網野幸六が「愛国心の発生を論ず」の次に斎藤壬生雄が「沿革論」を演説し、最後に山下善之が「改正条約の草案を読んで感あり」の演説で締めくくった。

十四年十月十四日には前橋本町の舞台を会場として政談演説会を開き、北海道開拓使官有物払い下げ事件の非難がもっとも激しかった情勢を反映して、一〇〇〇余人と多数の聴衆があった。

小勝俊吉が「情実政府」、鈴木藤太郎が「ごまかさるるなかれ」を演説し、次いで斎藤壬生雄が「地方人民の迷夢未ださめざるか」を演説したところ、演説中止を臨検の警察官が命令し、その後に予定していた久野初太郎らの演説はできなくなってしまった。

十六年三月二十五日には前橋町の敷島座で政談演説会を開き、小勝俊吉が「圧制の巧拙」「政府がなすべき国会の準備」、佐竹篤が「福を得んと欲せばまづその器を作れ」、笹治元が「自由は政府の賜にあらず」、田中耕太郎が「革命の原因」「なんぞ感情の薄や」を演説した後、斎藤壬生雄が「結果を得るは熱心にあり」を演説した。

同年四月五日には南勢多郡膳村(現粕川村)の後閑新太郎家で開いた政談演説会に出席し、小勝俊吉が「自由の説」「愛国論」、斎藤壬生雄が「社会の変遷」、佐竹篤が「勤王論」、笹治元が「地方の要務」、多賀恒信が「上毛人士に告ぐ」を演説した。

民権運動期に行った斎藤壬生雄の政談演説は現在この四件が確認できるだけであり、小勝などと比較すると少なく、演説は得意ではなかったようである。青柳新米が斎藤は「直接話が得意」であったと回想しており、宮部襄が「座談の妙手」といわれたのと同様に、斎藤も対談で相手を説得することを得意としていたようだ。

そのほか、板垣退助、馬場辰猪、植木枝盛ら中央から弁士を招いたり、小勝俊吉ら県内の民権家がさかんに演説会を開いた。

十三年一月、伊勢崎の協同社で「国会のこと、現行条約改締のこと、繭糸改良法のこと」などについて、群馬県会議長宮崎有敬、副議長星野長太郎、協同社長石川泰三らが協議して、全県的な上野連合会の設置を計画した。「人民ノ利害休戚ヲ論究シ、国家ノ公益ヲ起ス」ことを目的とし、一般には民権思想が乏しく、国会について無知なものがいるので、人心を改良する、蚕糸業の改良を行う、そのほか、教育の充実、商業活動の改良、農林業の改良、風俗の改善など、県内のさまざまな問題を取り上げ、県内の有志を統合して民間の側から近代化を推進する改良策を検討することを意図した。

同年三月十五日、大阪に愛国社第四回大会を開き、全国から国会開設を政府に請願することを決め、会の名称も国会期成同盟会と改めた。この後、国会開設請願書が全国から提出され、自由民権運動が空前の盛り上がりを見せることになる。国会期成同盟会から何らかの働きかけがあったのであろう。大会直前の三月六日に前橋の生糸改所で「上野連合会」の規則草案を討議した。

会議には上野連合会委員三四人と、希望者を交え五〇余人が参加した。議論が紛糾し、予定外の七日にも会議を続行した。議長団は「将来社会公同の幸福安全を謀」ると近代化の方策を抽象的に提起したが、討議の中心が国会開設論になってしまう。議長団は群馬県の基幹産業である蚕糸業を中心とする、産業改良についての討議を要請したが、民権を拡充するために国会開設請願運動を優先すべきだとする意見が対立した。近代化を達成するための急務は何かがテーマであり、国会開設と製糸業改良とのいずれを優先すべきか、どちらに重点を置くかによってその運動形態は変わってくるので、議論が紛糾したのである。

この紛糾した議場を整理するために「国会開設の希望を果したいとの議ならば他の会場に向て議せらるべし」と、議長が余りにも性急にはかったところ、約半数の国会開設優先論者二一人が起立して退場してしまった。退場者も国会開設によって民権が拡充し、蚕糸業をはじめとする産業も発達することになるとしており、蚕糸業の改良に反対ではなかった。上野連合会に残ったグループも国会開設に反対ではないのだから、性急に分裂することもなかったと思われるが、政治的運動を展開することの未成熟とともに、会議を主催した県会議員を中心とする豪農グループと、国会開設優先説を主張した士族グループとの対立が窺える。

残った一三人は討議を続け、後に繭糸改良会に切り替え、十月に上野繭糸改良会社を設立した。幅広い連合を意図して企画された上野連合会も、産業改良重視者と国会開設優先者とに分裂してしまい失敗に終った。

一方、この会議の成行きを見守っていた地方連合会創立事務所遊説委員の段《き》證《だ》依《みより》秀《ひで》、尽節社の藤生金六らは、国会開設優先論者と合同して、師範学校に会場を移して議論を継続し、上毛同盟会を組織し、他の国会願望者と連合するために檄文をつくることを決定した。上毛同盟会は産業発達・国会開設両者を主張し、産業発達のために条約改正が必要であり、それには国会開設が不可欠であると主張した。

上毛同盟会の結成により国会開設運動の中心母体が生まれたが、同年四月の集会条例の発布に伴い、四月十八日に創立概則と概旨とを改正するために前橋の桃井学校で大会を開催したところ、解散することに決定してしまった。

国会開設請願委員

明治十三年四月十七日に片岡健吉、河野広中ら二府二二県有志の「国会を開設するの允可を上願する書」を、太政官・元老院に提出しようとしたが受理されず、五月十一日にその顛末書を作成して各地に送付した。こうした中央の動向に対応して上毛同盟会の解散後、国会開設運動のみに焦点をあてて県内の諸勢力を連合する気運が高まった。

八月下旬、高崎を中心とする有志五一人が上毛全国の有志を団結して、県内を五ブロックに分けて各ブロックからの代表によって国会開設請願手続きを討議することにした。九月十二日に高崎の覚法寺に国会開設について集会することを広く呼びかけた。上毛有志会の集会には有志二〇〇余人、見物人一〇〇〇余人が参集し、「上毛有志会決議案」を決定した。

これによれば国会請願書草案委員五人を選出し、五人で草案を執筆して会員に配付し審議したうえで、二週間後の九月二十六日にふたたび集会して請願書の文面を決定することにし、上京請願者もその席で決定することにした。実際に各ブロックごとに草案を検討しており、東群馬・南勢多郡の会員四〇〇余人は九月二十三日に前橋の源英寺で集会して小勝俊吉、斎藤壬生雄らが中心となって草案を討議し、上京請願人選挙権者三〇人を選出した。新井毫・藤生金六らが所属する山田郡を中心とする第五ブロックでも請願書案を討議し、修正案を作成した。

こうした準備を経て九月二十九日に長坂八郎、木呂子退蔵、斎藤壬生雄、新井毫の四人が、投票によって上京総代人に選出された。この四人は、群馬県における国会開設運動の代表人物である。地域・階層のバランスを取って運動に熱心な四人が選出されたのである。木呂子退蔵は旧館林藩士であり、東上州の代表、長坂八郎は旧高崎藩士であり、高崎地方の代表、斎藤壬生雄は旧前橋藩士であり、前橋地方の代表、新井毫は勢多郡東部の豪農であり、山田郡大間々町地方の代表であった。斎藤壬生雄は前橋および群馬県の民権運動の代表的存在となっていたのである。

十月十一日に群馬県有志八九八〇人の総代として長坂八郎、木呂子退蔵連名の次の内容の「国会ノ開設ヲ願望シ奉ルノ書」を太政官に提出した。

群馬県下上野国一四郡有志人民八九八〇人の総代、長坂八郎、木呂子退蔵が謹んで叡聖文武なる天皇陛下に哀訴懇願します。

臣らは不肖ながらわが皇国の情勢を観察するに、国内では人民がまだ参政権を得ておらず、風俗が日に衰壊している。対外関係では、国権がまだ拡充しておらず、外国人の跋扈がますます甚だしい。わが国の衰運を挽回し、人民が一致協力して皇室を永遠に保護するにはただ国会を開設して君民共治の美政を施行する以外にはなく、それを臣らは哀訴懇願するものである。

天皇陛下が明治初年に五事を天地神明に盟い、その第一条に「広く会議を興し万機公論に決すべし」とした。次いで八年四月に詔書を下し、国家漸次に立憲の政体を立て、汝衆庶とともに慶事に頼らんといった。臣らは奉読して天恩の優渥なることに感激した。この聖世に生まれて感激興起し、自治の精神を振起し、進んで大政に参与して聖旨の万分の一にも奉答しなければならないと決意した。諸県の有志が続々と起って国会の開設を願望してやまないのはもとより世論の帰するところであるとともに、聖旨を奉体するのにほかならない。天下の事物に究極はない。たとえ明君がいて賢相が補佐し、廟堂に人材が多くても、全国の衆知衆力を合わせて万機を処する方がすぐれている。

わが国の情況を観察するに、上下が乖離し財政は困難に陥り、条約改正はいまだ成功していない。

わが国は四面を海で囲まれ、東洋の一隅に卓立し、伊弉諾尊《いざなぎのみこと》、伊弉冉尊《いざなみのみこと》以来、皇統が連綿と継続し、他国の屈辱を受けたことがない独立国である。しかし、このような外国人の侮蔑をこうむり、神州の権義を汚損することはわが日本人民として悲憤慷慨に堪えない。

条約改正の約束の期日はすでに過ぎたのに外国人は言を左右にして現行条約を維持しようとしている。日本人民は勇往敢為の気象を振興し、愛国の精神を奮起してこの回復をはからなければならない。救世の策を講ずるためには、叡旨を奉体し天地の公道にもとづいて国会を開設することが必要である。国会を開設して人民が参政の権を得て、独立自治の気象を振作することにより、国家の艱難を分担し、上下一致して広く公議世論にのっとり適切な政治体制をとることができれば、皇室を富岳の安に置き、財政の困難を救済し国権を拡充することは難しいことではない。

しかし、臣らは国民の本分を尽くそうとするが、まだ参政権を得ていないので、国家の危急を救済する手段がない。我が叡聖至仁至愛なる天皇陛下に哀訴懇願せざるを得ない。臣らの衷情を憫察のうえ、現今の世論の帰するところの国会を開設し参政権を付与し、明治八年の詔書の趣を実践することを懇願する。国家のために尊厳を冒したことを恐惶して戦慄のいたりである。

明治十三年十月　日

群馬県下上野国西群馬郡高崎駅鶴見町

士族　長坂八郎

同　県下　同国邑楽郡館林町

士族　木呂子退蔵

民権運動の三大要求といわれる条約改正、国会開設は要求したが、地租軽減には触れていないことと、天皇を尊崇することを強調する点に特徴がある。

長坂八郎と木呂子退蔵は十月九日（土曜日）に上野国有志総代の請願書を太政官に持参し、十時に到着し衛兵と押問答のすえ、「元老院に提出すべし」、「時刻も遅く成たれハ面会致され難し」とはねつけられてしまった。十一日（月曜日）に書記官応接所で佐藤七等属に面会のうえ請願書を手渡した。十三日にふたたび太政官へ出頭し佐藤七等属に面会したところ、請願書の却下を通知されたので、長坂、木呂子は三条太政大臣へ十月中に面会することを要求した。

一方、上京請願人に選出された斎藤壬生雄は、太政官での請願書受理拒絶を聞き、新井毫と連名で宮内卿徳大寺実則宛に請願書の天皇への内奏を出願したが、宮内大書記官山岡鉄太郎（鉄舟）から受理できない旨を申し渡され、続いて太政大臣三条実美宛に斎藤個人で国会開設建白書を提出し、面会を求めた。

その建白書は次のとおりであり、群馬県士族、上野国東群馬郡前橋田中町住斎藤壬生雄と署名している。

参政権を得ていない人民の風俗が衰微し、国家財政が逼迫し、条約改正が達成できずに国権も確立せず、外国人の勢力が強いことを嘆き、そのために旧藩同志と相談して一社を設立して、大政に参与して皇室を安泰にすることをはかった。上毛各地の有志が団結して国会開設請願書を先に提出したが、却下された。やむを得ず書面を提出して閣下に面会を求めたが、これも許されなかった。斎藤壬生雄個人ではなく上毛有志の総代としての面会も許さないのは道理に反する。

徳大寺宮内卿に書面を提出して国会開設の内奏を懇願しようと面会を求めたが、宮内大書記官山岡鉄太郎から書面を受領できないと通告された。

人権はまだ発展せず、人心は政府から離れインフレが進行して物価騰貴が続き、人民の生活は困窮している。外国人の圧迫によりわが国の自由が抑圧されている現在は危急のときであり、愛国の精神ある有志はこの打開に尽力している。その打開策は国会開設以外にはない。世論を排斥していては天下の政務を総裁する太政官の責任者として、その職務を尽くすことにはならない。国家の大事に適切な処置をとらずに推移すれば不測の変動が突発することは明らかであり、皇帝陛下の叡慮に反することになる。

政府に対する激越な抗議文であるが、「大政ニ参与シ皇室ノ安キニ置キ奉」ることを願うとして、天皇を擁護するために国会開設を要求し、士族としての立場と尊皇の念の篤いことを吐露している。

岡山県からも小林樟雄・加藤平四郎が総代となり国会開設請願書を提出したが、受領を拒絶された。同様に運動を進めていた青森・秋田・宮城・福島・茨城・栃木・埼玉・石川・新潟・滋賀・岡山・大分の各県と、群馬県の木呂子退蔵、斎藤壬生雄、長坂八郎の一三県の総代二五人が、十二月十日に太政官に出頭し、入門を拒絶され、交渉のすえ、代表三人だけが入門を許可され、請願書を提出に太政官へ出頭したが、太政大臣への面会はできなかった。その代表三人に岡山県の小林樟雄、宮城県の若生精一郎とともに木呂子退蔵が選出された。十三日にも出頭したが、入門できなかった。木呂子は一三県の総代として十二月九日、十日、十一日、十三日と四日間太政官へ出頭したのである。

少なくとも一一回は群馬県の上京請願人は願書を提出し、あるいは面会を要求して政府へ出向いており、群馬県有志総代としてねばり強く熱意をもって全国の民権家とともに請願運動を展開したのである。

十一月十日に国会期成同盟第二会が東京に開かれ、群馬県有志一万二一〇六人の総代として長坂、木呂子、斎藤、新井の四人が参加した。十月の請願書提出時から署名者三〇一六人が増加しており、一ヵ月間にこれだけの署名を獲得したのである。福島県の河野広中が議長、福岡県の郡利が副議長に選出された。起草委員に長野県の松沢求策、高知県の林包明、福岡県の箱田六輔、岩手県の鈴木舎定とともに新井毫が選出された。

翌十四年十月一日に再開を約し、それまでに各県の過半数の同意を得ること、憲法見込草案を持参することを決めた。さらに、遭難者扶助法を定め、国会開設運動を進める過程で弾圧等により遭難した同志を救済することにした。

この後、国会開設請願運動を組織的に持続させようとの試みがなされ、その一つが十二月に実現した関東同志会の結成である。国会開設だけでなく「一致協同して自由を拡充し権利を伸暢する」ことを目的とした。茨城・群馬・埼玉・栃木・千葉・神奈川の民権家が参加し、斎藤壬生雄も新井毫・長坂八郎・木呂子退蔵らとともに加わった。この関東同志会は千葉県の桜井静の提案した地方連合会の具体化したものとされ、その遊説委員の段證依秀は三月七日の上毛同盟会の創立に参加し、群馬県の民権運動に影響を与えた。

十四年二月十三日に高崎で関東同志会の大会を開き、「吾党ハ自由を主義として一致合同して権理を拡充するをもって目的とす」とし、立憲政体を確立することを目標とする会憲を決定した。これが同年十月に結成された自由党に同盟する上毛自由党に発展したのである。

国会開設請願だけを目的とした上毛有志会は、請願書提出に成功した後は活動をできなくなり、このために運動を継続できる結社を組織しようとしたのであろうが、自由党結成によりそれに合流した。

斎藤壬生雄は全国的な国会開設請願運動に群馬県有志の総代として参加し、十三年十月から十四年二月まで東京でねばり強く活動し、多くの民権運動家の知己を得た。

『上毛新聞』新聞編集長

明治十四年八月十二日から十月十二日までの二ヵ月間だけであるが、『上毛新聞』の八八号から一一八号までの編集長を、斎藤壬生雄はつとめた。

『上毛新聞』は明治十四年一月二十日に前橋の廻瀾社が創刊し、同年十二月に一四一号まで刊行して一年間足らずで廃業した隔日刊の新聞であった。社長は愛媛県士族で、民部省から明治八年に熊谷県権大属に転任し、群馬県一等警部、一等属、西群馬・片岡郡長を歴任し、十三年に退官して翌年一月に上毛新聞を創刊した宮田重固であるが、民権派の新聞として国会開設請願運動や民権派の演説会を積極的に報道した。編集長も斎藤の後に民権家の田中耕太郎が就任した。

記者も民権派を招いた。後に斎藤を山形教会に招聘する倉長恕《ひろし》と岡村廉次郎を十四年三月に上毛新聞社に招いた。両人は記事・論説を書くとともに上毛新聞社員として政談演説会に出席して、その演説を新聞に掲載した。

倉長恕は、島根県東伯郡安田村出身で実名は谷口権三郎といい、以前は『泰斗新報』の記者であり、三月から六月まで上毛新聞社に勤めた。群馬県を去るにあたって倉長は「上毛人士は政治上の思想に乏しい」ことが欠点であると指摘し、「一枝の筆と一枚の舌」で振起することに努めて、その欠点を克服することを期待すると、新聞紙上に告別の辞を書いた。その後十五年には『東北自由新聞』の記者となった。十五年七月九日に仙台の演説会で東北自由新聞社員として倉長が「管城子を戒む」の演題で演説したところ、臨検した警察官に中止解散を命じられた。同年十二月二十四日、倉長恕が会主となって仙台東一番町の大新亭に開いた政談演説会の会場に、福島事件を扱い「若松変報演説会」と張り紙をしたことをとがめられ、集会条例違反として軽禁錮三〇日の処分を受けたと『自由新聞』に報道された。倉長は上毛新聞退社後、十五年七月には東北自由新聞社員として仙台に来ていたのである。

倉長の最初の『上毛新聞』記事が十四年三月二十日号に掲載された「上毛人士の睡りいまだ醒めざるか」

であり、「貴ぶべきの権利すでに伸張したりとなすか。重んずべきの自由すでに拡充したりとなすか」と、権利・自由を充分確保していないうえに、国会がまだ開かれず、参政権のない人民は政府の奴隷と同様であるのに、富裕にして景勝の上毛の地に安住して眠り込んでいると県民を挑発した。

そのほか、「鴇群馬県会議員諸君」「上州の一欠」「我が上毛の有志者よ北海道開進会社の事業を賛成せよ」「商権の回復は近きにあるや」などの民権家としての論説を発表した。

倉長は記者活動をしながら県内各地の演説会に出席した。

明治十四年三月二十九日の前橋町敷島座の教育演説会に沼間守一、岡村廉次郎とともに出席した。四月十日には碓氷郡原市村の教育演説会に出席した。五月二日の前橋本町劇場の教育演説会に、亀岡長次郎「道徳論」、久野初太郎「教育論」、末広重恭「教法は文明社会に益あり」、堀口昇「自由政治と専制政治の病」などの演説とともに倉長は「知識の交換」を演説した。

五月三日には前日と同じ会場で政談演説会を開き、末広重恭「法律は薬石のごとし」「日報記者の説を駁す」、堀口昇「自由の命脈と圧制の命脈」「革命論」、亀岡長次郎「自由と威権とは両立せず」、岡村廉次郎「智者は不安心の地を去って安心の地を求む」の後、倉長が「廟堂諸公の心事を怪しむ」を演説した。

五月二十一日に前橋横山町の蔦長で教育討論演説会を開き、小勝俊吉「エレキの説」、久野初太郎「教育の衰頽」などの後に倉長が「不潔の説」を演説し、最後に「一婦数夫に見えざるを以て果たして乙女徳となすべきか」の討論題にもとづいて討論をした。

上毛新聞社退社後の十八年四月三日、久しぶりに前橋本町の劇場の政談演説会で末広重恭、堀口昇らとともに出席し、「廟堂諸公の心事を怪しむ」を演説した。倉長は末広らとともに東京から招聘されたのであろう。

斎藤は倉長退社後に編集長となった。

斎藤壬生雄の署名論文としては九月八日発行の第一〇一号の論説「本社沿革の記」がある。概要は次のとおりである。

　維新による百事が欧米諸国にならって改革し、新聞もまたそれにならって続々と勃興し、数年もたたないうちに都会と名のつく場所で新聞のないところはなくなった。

　しかし、わが群馬県人は率先して貿易・教育等に従事し、新聞紙の刊行がないわけではないが、自由の精神を発揮することなく、眼前の小利に心酔するものを覚睡させるには至らない。読者も嘆いていたので、社長宮田重固が本年一月に『上毛新聞』を創刊したが、社員が病気や事故で交替することが多く、斎藤に編集を一任し、八月十二日から仮編集長として就任した。社主の委託を受け、言論をもって文壇に登った以上は平生の主義を拡張し、道のためには身命をなげうち、理のためには天下を敵とする覚悟である。耳目に触れるものは政治であろうと、工業であろうと、県民の利害に関することを論究し世を裨益することに努めることが義務であるとともに、社主の知遇に報ずる所以である。編集長就任にあたって、言論を武器として平生の主義を拡張し、県民の福利を向上させることに努め、場合によれば天下を敵とする覚悟であると、強い決意を示した。
斎藤が編集長となってからの『上毛新聞』の論説には、次のとおり民権関係の記事が以前にも増して多くなった。

八月　十四日　「憲法見込案を議するの期至れり」
　十六・十八・二十日　「群馬県令楫取君の治績」
　二十二日　「上毛有志諸君に告ぐ」
　二十四日　「府県会規則の改正を聞く」
　二十六日　「関係の厚薄」
　二十八日　「県会議員諸君に告ぐ」
九月　四日　「私党は除くべし」
　十日　「器械の巧拙は智識の深浅を知るに足る」
　十四・十六日　「来る明治十五年には断然国会を開設せられんことを希望す」
　二十八日　「関在同志会の開会を聞く」
　三十日　「繭糸改良会社の諸子に忠告す」
十月　八日　「世の教育者に告ぐ」
　十二日　「荷預所の紛議は上毛に関する最重大なり」

そのほか、「国会開設への団結を望む」の投書を掲載するなど、民権新聞としての性格を濃くした。また、民権家の小勝俊吉筆の「上毛の富豪者に告ぐ」を論説として掲げ、「たとえ巨万の資産があるとも自由権利を得ない以上は決して福祉を得たことにはならず、禽獣と同じである」と、経済活動に活躍しながら政治的関心の乏しい上州の蚕糸業者の奮起を促した。

八月二十二日発行の九三号に掲載した「上野有志諸君ニ告グ」は次の内容である。

上毛の土地は関八州のなかで上等の地位を占める。千態万状、奇々怪々の山が雲際に眺めることができる風景は佳良である。利根川を望めば洋々たる大河で狂瀾怒濤として山を崩すような奔流である。山水清淑の気がすぐれた雄偉の人物を生ずという言葉は真実である。事実、上州では新田義貞や高山彦九郎のような民間から起って勤王の説を首唱し、身を軽んじ命を惜しまず東奔西走し、終生千辛万苦して王事に尽くした人物を生んだ。

自然環境に恵まれた上州では数多くの人物を輩出したことを指摘して、群馬県人の奮起を促したのである。

八月二十六日発行の九五号に「関係ノ厚薄」を掲載した。

文明が興隆する今日、わが国は完全無欠の極度に達した文明国といえるかというと、決してそうはいえないことは、維新以来の情況を観察すれば自ずから明瞭である。一例をあげれば、外交交際は治外法権を認めており、海関税権は外国人に左右されている。その他、すべてにわたって日本は外国の下にいる。独立国の名はあるがその実態がないことは慨嘆すべきことである。

内政を見れば国債は山積し、官民共和しない。佐賀に熊本に萩に鹿児島に騒乱が続発し、そのたびに巨額の資金を消費するだけでなく、罪のない良民が殺害されている。わが国は一時も閑暇する状態ではない。

昨十三年に各府県の有志が続々と立ち上がって国会を開設し、憲法を創立すべきことを太政官や元老院に請願建白したのは、危急存亡のときであることを知ったからである。しかし、どうした理由か許容されず、有志は涙を飲んでむなしく郷里に帰国した。やむを得ないといって運動を中止するわけにはいかない。なぜなら、われわれ人民はまだやり残したことがあるからである。天下は活機である。一治一乱循環して窮まりなき原因がある。治世に争乱の兆しがある。乱世に治平の祥瑞がある。有識者は愛国の志が篤いので、早くその機を察して天下国家のために一身を犠牲にするのである。

関東は沃野千里も広く物産が豊かであり、工業もさかんである。そのうえ昔から英邁の士が多く、機を観て立ち上がり天下の権を握る者は数知れなかった。しかし、徳川氏の末期に政治思想がなくなり、ただ衣服飲食の奢りにのみ耽るようになってしまったために、薩摩長州土佐肥前の人民に蹂躙され、その鼻息を窺うようになった。

上毛有志諸君よ、憤発せよ。国会期成同盟会の開催時期が迫ってきた。昨十三年は九州四国の男児に先を越されてしまったが、十四年は決して遅れてはならない。先んずれば人を制し、遅れれば人に圧せられるという。昔の新田義貞らの偉業を偲び、あくまでもこの精神を徹底することを上毛人に希望する。そうでなければ上毛に人物がいないと他県人に嘲笑されてしまうだけでなく、明治元年の五箇条の御誓文、八年の立憲政体樹立の詔書に背くことになってしまう。天皇は父であり、われわれ人民は子である。子として父の意思に背く罪は大きい。

明治十四年はいかなる年であるか。無事平穏の時といってはならない。危急存亡の時である。しかし、廟堂諸君は賢明である。事務を鬼神のように処理しており、われわれが杞憂するような事態にならないことは信じているが、報国の志がある者はないがしろにすべきではないだろう。上毛有志諸君よ、勉めよや。

国会開設運動に全国に先駆けて立ち上がることを勧めた檄文である。天皇をうやまう念が強いことと、民権運動でも西南雄藩への対抗意識が強いことが注目される。

九月十四・十六日に掲載した「来る明治十五年には断然国会を開設せられんことを希望す」は、次の内容である。

人民が国家の重きを負担する義務を知るまでの間、しばらく地方長官を人民の代議士としてするという詔書を発し、明治八年六月に地方官会議を開催し、以後七年間を経過したが、開催はわずか三回だけであり、風説の伝えるところによれば明治十五年に地方官会議を開催する由であるが、わが輩は断然十五年に国会を開設することを希望する。

人民は既に国家の重きを負担することができるようになっており、地方官を代議士と見なすことはできなくなったからである。主治者が便とすることは被治者が不便とすることが多い。主治者である地方長官が被治者の人民のことを論議することは無理である。地方長官のなかにも社会のために一身一家の私事を廃し、社会公衆のために生命をなげうつ廉潔の士があるだろうが、全員に期待することはできない。地方長官は人民のために論議するよりは、職務上の便益を中心とすることになってしまう。

人民が国政に参画できるまでに知識が進んだかどうかを判定することは難しく、それを国会開設の根拠とすることは、聞いたこともなく各国の歴史書にもない。しかし、知識が進んだことは十三年に国会開設を請願したことで明らかである。国会開設を懇願する人民がその知識をもたないはずがない。

地方長官が親切に人民のことを論議すると仮定しても、不十分なことがある。府県会や町村会などの議会の体裁に満足することはできない。十五年に開催予定の地方官会議に国会開設、憲法制定、歳出入予算など、われわれが希望する議案が提案されるのかわからないが、官選の地方長官が人民に代わって論議しようとしても、われわれは地方長官にこのような重大な責任を負担させることを望まない。地方官会議は職務上のことを論議すべきであり、地方長官を人民の代議士と見なすことはできず、われわれの希望する国会と同一視することはできない。

明治の聖世に遭遇したわれわれ人民は、国権を回復し、自治の精神を振起し、聖天子の叡慮を慰安し、あわせてわれわれの福祉を増進させなければならない。地方官会議を国会と同一視することはできないのであり、明治十五年に断然国会を開設し、純然たる立憲政体を樹立して、明治八年の詔書のように国是を確定することを希望する。

政府の任命した地方官による地方官会議を国会の代わりとする説を批判し、人民の選挙によって選出された代議士で構成する国会を十五年に開設することを主張した。

斎藤壬生雄は『上毛新聞』編集長に就任して、民権関係記事と論説を掲載し、その鼓吹に努めた。

福島事件と斎藤壬生雄

明治十四年九月二十三日、国会期成同盟会のために上京した板垣退助に、末広重恭・田口卯吉・福地源一郎らが政党結成について意見を聞こうと上野精養軒に集ったが、『上毛新聞』編集長の斎藤壬生雄はそれに参加した。

十月一日からの国会期成同盟会第三会にも斎藤が、前年九月に師範学校長を辞職した宮部襄とともに参加した。斎藤たちが宮部に師範学校長を辞職し、民間に下って政治運動を展開することを勧めたという。上毛新聞社を辞職した倉長恕も東京から参加した。

十月十七日からの自由党結成大会議に一九番議員として斎藤壬生雄は出席した。斎藤は上毛新聞社を辞職し、政治運動に専念したのである。宮部襄は一六番議員、倉長恕は三四番議員であった。十月二十九日の自由党結党大会にも参加した。

自由党結成以後群馬県の民権家のうちの一部は自由党に加盟し、他の一部は上毛協和会に結集し、国会開設請願という具体的目標で連合していた県内の民権勢力は、その目標がなくなると同時に分裂してしまった。明治十五年三月の立憲改進党の結成に呼応して、中島祐八、湯浅治郎らの県会議員が発起人となって、上毛協和会を前橋に結成した。民権の拡張、地租軽減、自由気運の発達を主張した。沼間守一を中心とする嚶鳴社が改進党に加わったことにより、沼間との関連が深かった群馬県の地方名望家が影響を受けたのである。

十五年六月十二日、斎藤壬生雄は臨時自由党大会直前に開かれた寧静館会議に宮部襄、長坂八郎、小勝俊吉らとともに出席し、同月二十九日、自由党臨時会で総理板垣退助、常議員馬場辰猪、大井憲太郎ら七人とならんで、宮部襄が林包明とともに幹事に選ばれた。

斎藤壬生雄は同年九月十一日に前橋を出発し、九月二十一日に新潟県長岡山田町の唐津楼で北辰自由党、刈羽・頸城両郡自由党が開催した自由党懇親会に自由党派出委員として出席した。「群馬県の志士」斎藤壬生雄と小勝俊吉が招待されたのである。前日に「出版言論集会の自由を回復」について建白することを決定した山際七司ら新潟県の民権家が、時事を痛論して「志士をして壮快の念を煥発せしめた」と『自由新聞』に報道された。

斎藤が慶応四年に前橋藩を脱藩して越後口に転戦したときに、河井継之助の指導のもとにもっとも頑強に東征軍に抵抗した長岡へ行き、自由党幹事でありながら「志士」として歓迎されたのである。

その後、小勝とともに羽前・羽後から青森・函館を演説と党員募集のために巡回した。十月二日に秋田県に入って遊説し、十月十七日に下横手駅で秋田改進党、立志社員約六〇人と懇親会を開き、十八日には下院内村で学術演説会を開き、二十六日には秋田町の劇場末広座で一五〇〇人の聴衆を前に政談演説会を開いた。秋田県では十五年十二月に自由党入党者が四〇〇人にも達しており、斎藤の二五日間に及ぶ巡回の効果があったと推定できる。

十月二十七日に秋田を出発し、さらに津軽、青森、函館を経て十一月半ばに盛岡に到着し、仙台で開かれる奥羽七州会に出席してから帰京を予定した。

しかし、同年十一月に激化事件のひとつとして著名な福島事件が起こった。福島県令三島通庸が経済開発の重要幹線として若松・米沢・山形、若松・大田原・東京および若松・新潟の三方道路の開削を計画し、そのために会津六郡に過重な夫役負担と代人夫賃を徴収することにした。福島県会はこれを否決したが、県令は原案執行を内務省に申請し、八月に工事を着工した。地元農民が工事中止の行政訴訟を宮城控訴裁判所へ訴えたが、県令は夫役負担と代人夫賃徴収に応じない地元農民の財産差し押さえや公売処分を強行した。十一月二十日にこれに抗議した二人が喜多方警察署に検挙され、二十四日に指導者十数人が逮捕された。

緊迫した情勢のもとで福島自由党から自由党本部への要請により、秋田巡遊から青森、函館を経て盛岡に到着した斎藤に、「福島河野用事アリ、スグユケ」と、宮部襄が十一月十七日に電報で控訴応援として福島へ行くことを指示し、斎藤が福島へ向けて出発することを翌日に返電し、福島の自由党員集会所の無名館に十一月二十四日に到着した。さらに東京から宮部が伊賀我何人ら五人の群馬県自由党員を派遣し、彼らは十一月二十日に出発して伊賀は二十二日に、そのほかは二十三日に到着し、無名館で河野広中に面会した。

郡民総代を拘引したことに抗議し、十一月二十八日に郡民と警察官とが抗争した喜多方事件が起こり、一斉検挙が行われ、会津地方だけで総勢五一八人が検挙された。群馬県から福島へ応援に駆けつけた伊賀我何人ら五人は二十九日に国事犯および兇徒聚集教唆者として逮捕された。長坂八郎は事件発生後の十二月八日に東京を出発して十一日に福島へ来て逮捕された。長坂八郎は人民教唆罪で逮捕され、群馬県から行った六人全員が十六年四月に入獄した。

十五年十二月一日には斎藤とともに東北地方を遊説した小勝俊吉が、「国事犯随行」として河野広中らと一緒に無名館で逮捕された。小勝は斎藤とともに秋田、盛岡まで来て、盛岡で斎藤に別れて予定した奥羽七州会に出席するために仙台に向かった。仙台に来ていた福島事件の指導者山口千代作に十一月三十日に面会し、訴訟事件につき委任状取り直しの件を依頼する河野広中宛の書簡を託され、福島に至り無名館で河野に面会して書簡を渡して同館に宿泊した。その夜に逮捕され、若松監獄に投じられたのである。福島県会議員吉田光一、館林の山口重脩と同監した。一月十六日に若松裁判所で免訴となり、放免された。

斎藤は宮部の指示で小勝より先に福島へ行き、無名館に立ち寄ったが、自由党員が続々と逮捕されているので、若松を脱出して東山温泉から白川に抜けて、東京へ帰った。帰京後、痔病が悪化したために十二月十一日に順天堂に入院して切開手術をした。意識のないうちに党内の秘密をしゃべる危険があると、麻酔を使用しないで手術を受けたという。ちょうど一ヵ月間入院し、一月十日に順天堂を退院し、同日に大学第二病院に入院した。斎藤は衰弱し、実弟の山崎重五郎が看病した。

大学病院入院中の二月二日、十二月以来入院し寝たきりで衰弱しきった斎藤は、無名館で河野広中、河野広体らと会談したという理由で逮捕され、鍛冶橋監獄未決監に移されて四〇日間収監された。

福島軽罪裁判所予審判事は、二月五日に「前橋田中町平民　斎藤壬生雄」に対して、兇徒聚集犯被告事件であるので当裁判所での管轄ではないことをいい渡した。若松警察署警部長心得が県令三島通庸宛に、十六年二月十二日に「斎藤壬生雄、右は二月七日欠席のまま管轄違いの言い渡しあり」と報告し、斎藤は欠席のまま取り扱いを若松裁判所から東京の高等法院に移されることになった。

高等法院での予審取り調べを受け、小勝俊吉の放免から二ヵ月後の十六年三月五日に次のとおり予審終結の判決を下された。

予審終結言渡書

群馬県上野国東群馬郡前橋田中町平民農業

斎藤壬生雄

其方儀内乱に関し及び兇徒聚衆の所為ありし段起訴これあり、予審を遂げる処、犯罪の証憑充分ならざるをもって、治罪法第二百二十四条により免訴し直ちに放免するものなり

明治十六年三月五日

高等法院

予審判事　巖谷　龍一

同　兵頭　正懿

書記　津田　重熙

『自由新聞』の報道であり、斎藤の身分を平民としているのは誤植か意図的にそうにしたのか不明であるが、十三年の宮内卿、太政大臣宛の請願書では身分を「士族」と明記している。斎藤は二月に設置された高等法院での予審の結果、証拠不十分で三月五日に放免された。

福島事件では内乱陰謀罪の国事犯として五七人が若松裁判所から東京の高等法院へ移され、大木権平は石川島監獄へ、長坂・伊賀らは鍛冶橋監獄へ入れられた。「専制政府を転覆」する内乱を計画したとして河野広中ら六人だけが有罪の判決を受け、それ以外は放免された。長坂・伊賀らは高等法院で取り調べを受け、四月十三日に放免された。長坂ら群馬県人六人は若松裁判所から高等法院へ移された五七人に含まれたが、斎藤も小勝もそのなかにはいない。小勝は若松で逮捕されたが証拠不十分で十六年一月に若松裁判所で無罪放免となった。斎藤は東京で逮捕され、鍛冶橋の未決監に入ったが証拠がなく三月に放免され

たのである。

福島事件の裁判は福島自由党だけでなく、東京の自由党本部に打撃を与えることを目的とし、自由党から応援に派遣された長坂や斎藤がとくにねらわれたのである。しかし、派遣を指示した宮部らの罪を問うことはなかったのだから、その指示に従った斎藤らを処罰することは不可能であった。

十五年十二月六日の密偵の報告によれば、斎藤壬生雄は「今回の軍師」と福島事件の首謀者とされ、実弟山崎重五郎は「岡山から九州、土佐、三河を巡回して一万人の兵を募集した」とあり、「群馬県激党山崎、設楽、斎藤そのほかの真意は運動の途中で生命を落とせばそれまでのことであり、生命を保つことができれば勅任官以上になる心得で、政権を掌握するつもりである。これらを捕縛しなければ必ず官吏が殺害されることは疑いない」と報告した。

斎藤壬生雄が福島事件により武力革命を起こす政略を立てた軍師であると報告したことが、斎藤が無実の罪で逮捕された原因となった。しかし、盛岡経由で来た斎藤は、群馬県から来た伊賀や長坂らとは接触しておらず、宮部からの電報だけでは福島事件の詳細な内容は知らず、福島で河野広中に面会してはじめて承知したのであろう。そうした状態で「軍師」として戦略を立てることは不可能であり、まして斎藤を看病していた山崎重五郎が九州、土佐、三河の兵を引き連れて来るなどという夢物語を計画するはずもなく、自由党員を陥れるために密偵が捏造した報告である。

その他の密偵の報告でも斎藤を激派の指導者とするものが多く、その後の民権運動研究でも過激派の闘士とするものが多い。密偵の報告は予断に満ち事実と異なることが多いことを承知していながら、それを鵜呑みにする傾向がある。密偵のつくり上げた斎藤壬生雄の人物像は訂正する必要がある。

福島事件に関しては斎藤は積極的な関与はしていない。自由党地方遊説委員として、九月に新潟から秋田を経て十月二十七日に秋田を出発し、宮部からの指示で福島に赴き、無名館に立ち寄ったがすぐに帰京し、二月になり東京で入院中を逮捕されたのである。

自由党幹事

福島事件で逮捕され、無罪放免となった二〇日後の十六年三月二十五日に、斎藤壬生雄は前橋で「結束を得るは熱心にあり」を演説した。四月二十三日、浅草井生村楼で開かれた自由党大会に斎藤壬生雄は長坂八郎らとともに出席し、それまで宮部襄らがつとめていた自由党幹事に前田兵次、加藤平四郎とともに選出された。宮部は大井憲太郎、石坂昌孝、星亨らとともに新たに設けられた常議員に選出された。

自由党時代の斎藤壬生雄

『自由党史』に斎藤らの幹事就任の記事がないことに不満をもち、三人の名前を欄外に注記して「この名を掲記せざるは党史として欠点ならん」と斎藤が書き込みをした。

この頃は連日『自由新聞』で自由党は改進党攻撃をしていたが、五月、六月に東京・横浜で「偽党撲滅自由大演説会」を開催した。小勝俊吉が十六年五月二十日、東京久松座で開かれた自由党の政談演説会に大井憲太郎、星亨らとともに出席し、「フグは食いたし命は惜しし」を演説した。五月二十一日、横浜でも同様の演説をした。

六月十日の東京新富座での「偽党撲滅自由大演説会」は、自由党幹事である斎藤壬生雄が会主となって開催した。四〇〇〇人の聴衆を前に、一二番目の弁士となった小勝俊吉は、「改進党中果たして一男児なきか」と挑発的な演題の演説をした。そのほか、植木枝盛、星亨らが弁士となり、星の案内で陸奥宗光も聴衆として参加した。

神奈川県愛甲郡妻田村（現厚木市）で石坂昌孝らが開催した板垣退助帰朝を祝賀する武相自由大懇親会に招かれ、板垣に同行して箱根から斎藤は出席した。東京から来た中島信行、加藤平四郎らとともに七月二十日に一泊し、二十一日に相模川で一一艘で舟遊びを楽しみ、漁網で捕獲した鮎などを味わった。二十二日には三田村清源寺での懇親会に出席し、四〇〇余人の武相の同志者を前に板垣、中島らが演説し、二十三日に帰京した。

七月二十八日に埼玉県熊谷、二十九日に行田、三十日に加須町で開かれた学術演説会および懇親会に、植木枝盛、加藤平四郎らとともに小勝俊吉が出席した。なお、小勝は八月二日に日本橋の旧久松座で開いた学術演説会に出席し、十八世紀のフランスの歴史を日本政府と比較して演説したと、学術演説会で政談をしたことを咎められ、同月二十八日に禁獄三ヵ月の処分を受けたが、上告して翌年八月に罰金一〇円に軽減された。

斎藤壬生雄は、外遊から帰国し高知で滞留していた板垣退助の入京を片岡健吉、長坂八郎、加藤平四郎らと出迎えて、十六年十一月十六日の浅草井生村楼で開かれた自由党臨時大会に出席した。

この大会には群馬県からは伊賀我何人、新井愧三郎、深井卓爾、山口重修、清水永三郎、伊古田周道と多数が出席した。帰朝した板垣は解党を主張したが、自由党幹部は賛成しなかったので、星亨が議長となった大会では、解党論を否定し、同年八月以来行ってきた自由党の資金難を解決し、党活動を活発化するために一〇万円の寄付金募集の再確認をした。

民権運動は国会開設を最大の目標に掲げ、それ以外の異論のある目標については棚上げして運動したから成功したのである。群馬県でも上野連合会ではさまざまな改革問題を提示したために連合に失敗し、国会開設だけに目標を絞った上毛有志会の運動は成功したのである。

しかし、明治十四年の政変により一〇年後ではあるが国会開設を政府が約束したことにより、大きな目標がなくなってしまった。それに加えて政府の圧迫が強まり、米価暴落により豪農層が運動から離脱しはじめ、自由党の運動も活発さを失い、資金難におちいったのである。さらに、不景気の深刻化に伴い、各地で民衆騒擾が起こりはじめたため、解党論に傾斜していった。

大会後の十六年末か十七年はじめに斎藤は関西漫遊に出かけ、岡山でしばらく病に伏していたが、十七年二月八日の『自由新聞』は、このほど全快し高知へ到着したと報道した。

　青柳新米は民権運動時の斎藤壬生雄について次のように回想した。

　斎藤の地位は「参謀にして大ていの計画にはその機密に参加しておられた、したがって名望も大であった」「その交友中最も親しかりしは大井憲太郎、星亨、新井章吾、加藤平四郎、磯山清兵衛、小林樟雄、中江兆民、宮部襄、長坂八郎、新井毫」「関西ではもっぱら板垣退助、中島信之、片岡健吉を中心として岡山の小林樟雄、北陸の杉田定一、稲垣示」らであったという。

「兄の最も得意の時代は自由党の常任幹事のときであったろう」「当時は芝佐久間町に一戸かり（二階だてのかなり大きい家）、予〔新米〕と幸祐、千代と一緒に住みおられたが、来客日々多く、中には二日も三日も泊まりこんでいくものも久し《（ママ）》からず、前橋から親類の人が東京見物に来るなど、中江篤助（兆民）らずい分らんぼうな人間も来る、烏丸光亨又は甘露寺の某など公卿華族の若様もその一人であり、壬生雄のこども斎藤幸祐の遊び友だちでカンロちゃん、カラスマちゃんといってたわむれたものである、兄の幹事在任中もっとも活躍されたのは条約改正運動、改進党との争論、偽党撲滅、三菱攻撃、北海道の開拓使官有物払下げ事件」であった。

　十七年三月十三日から二十四日まで浅草の井生村楼で開催された自由党春期大会に斎藤は出席していないようだ。大会で常議員を廃止し、従来三人と決められていた幹事を事務の繁閑により一人から一〇人まで増減することになり、加藤平四郎、杉田定一、佐藤貞幹が幹事に選出され、斎藤は幹事を辞任した。

斎藤は、片岡健吉、植木枝盛、星亨、杉田定一、宮部襄らとともに九人の地方巡察員のひとりに選出され、宮部が東海道、斎藤は東北地方に派遣された。十五年に次いで二度目の東北地方巡回である。

斎藤は「先きに奥羽地方へ漫遊されたる斎藤壬生雄氏は、五月十一日宮城県仙台へ到着せられ、爾来同所並びに近傍の自由党と会合して党務を議し居らるるよし」と『自由新聞』に報道され、大会決議に基づいて分担した東北地方を、四月に東京を出発して巡回した。七月一日付けの同紙に「斎藤壬生雄氏　同氏は奥羽地方を漫遊して去月廿八日帰京されたり」とあり、約二ヵ月の巡回を終えて、六月二十八日に帰京した。

しかし、十七年十月の自由党解党大会を含めて、以後の自由党の記録には斎藤壬生雄の名前はない。

照山峻三殺害事件

斎藤壬生雄が東北巡回中の十七年四月十七日に照山峻三殺害事件、五月十六日に群馬事件が起こり、五月二十三日、長坂八郎が照山事件で逮捕、六月までに群馬事件関係者、八月に高野山で僧形となり関西に潜伏していた宮部襄が逮捕され、宮部は謀殺教唆罪により有期徒刑一二年の処罰を受け、北海道樺戸集治監に入獄した。

照山峻三は政府のスパイであるとして高崎の自由党員長坂八郎、深井卓爾と相談のうえ宮部が殺害を指示し、秩父の自由党員村上泰治が秩父に誘い出し、岩井丑五郎と南関三とが児玉郡の山中で殺害したという。明治二十年一月に裁判に懸けるかどうかを判定する予審終結言い渡しがあり、それによれば村上が教唆し、岩井と南が山中で殺害し、この三人が有罪、間接教唆の宮部・長坂は無罪とされた。しかし、同年八月宮部・長坂が再逮捕され、二十二年三月の裁判所判決では、宮部が教唆し、村上の自宅で殺害し、死体を山中に放棄したと事件の内容が変更され、宮部・深井・岩井は有期徒刑一二年、長坂は無罪、村上・南は獄死した。自由党幹部の宮部を罪に陥れるための謀略である。宮部らは上告したが、六月に大審院は上告を棄却し刑が確定し、樺戸集治監に入れられた。照山の殺害の状況は言渡書、判決で異なるが、だまし討ちにして殺害したことは共通しており、照山が密偵である証拠はなく、それを本人に確認していないこと、照山に釈明の機会を与えずに殺害したことは共通している。

照山殺害の理由は照山が言渡書では「反対党の間者」であり、宮部・長坂の離間をはかり、また共和制を主張したことをあげている。裁判では国事探偵ではなく改進党のスパイとしたのであろう。宮部や斎藤壬生雄とともに民権運動を推進し後に講釈師になった伊藤痴遊は、照山を政府の密偵とし、青柳新米も照山を密偵としている。しかし、照山は殺害されてしまい、スパイであるという確証はない。当時はたくさんの密偵が自由党員のまわりにいて、政府高官へその動静を報告した報告書が保存されており、実際にスパイは多かった。伊藤によれば、照山は静岡県を遊説中、植木枝盛に言動を批判されてから、自由党幹部と不仲になり静岡県警部に買収されたという。スパイであるという証拠はないが、照山が民衆を挑発する強いことをいって怪しいので、宮部らが密偵だと決めつけたと推定している。

照山は過激な説を称えながら、危険な場所をたくみに避けていたことから、スパイであるという風評がたったという。

照山は群馬県巡査をしていたことがあり、民権運動に加わり、明治十五年八月十一日の『自由新聞』に次のような「地方官ノ職分如何」という論説を寄稿した。

県令は地方人民の総代であり、その職分は依頼する人民の意向を満足させることにある。官憲であるという者があるが、地方官会議を開くにあたっての詔勅に「全国人民をしてその業に安んじ国家の重を担任すべきの義務ある」とあることで明らかである。しかし、最近県令と地方人民とが紛議を起こして、法廷で争う事例が多いことは理解できない。

県令を地方人民の総代と規定したが、公選にするなどのその制度的改革を求めるものでもなく、微温的な内容である。

同年十二月には自由党員の奥宮健之、三浦亀吉とともに浅草で飲酒のうえの放歌を咎めた警察官に抵抗し、職務妨害で重禁錮四月と罰金五円の処罰を受けた。

十六年十月、高崎の藤守座で通俗政談演説会を奥宮健之らと開き、照山は「浮世夢物語」を演説したが、臨検の警察官に中止させられた。殺害される約一ヵ月前の十七年三月二十二日、一の宮町（現富岡市）光明院の自由政談演説会に深井卓爾らとともに照山は出席し、学術演説をした。

十七年四月の時点で政府に漏らしてはならない情報は、明治天皇暗殺計画であろう。日本鉄道の開通式が高崎で挙行され、出席予定の明治天皇をはじめ政府高官を襲撃することが、群馬事件の計画であった。実際には五月に銀行類似会社である生産会社を襲撃することになった。ずさんな計画でまだ夢物語のような段階ではあるが、スパイに漏れればそれだけで罪になるかもしれない。しかし、照山をスパイと断定する決定的な証拠はない。斎藤はそう判断していたのであろう。それを原因として自由党から離れることになる。

警察官出身があやしいとなれば、宮部も長坂も斎藤もあやしいことになる。過激な説を称えていることが理由となれば、アジテーションをしている自由党員全員が該当する。共和制論者は奥宮健之をはじめ自由党員にあり、照山と自由党幹部と意見が相違することを理由として殺害したのであれば、連合赤軍事件と同様の内ゲバにすぎない。照山がスパイであったかどうかは今でも藪のなかである。

過激な説を称えた小勝俊吉もスパイと疑われたことがある。

小勝俊吉は弁舌に巧みで政談演説会に活躍し、十七年九月三日の浅草市村座での自由政談大演説会には「万国公法たのむに足らず」と清仏戦争を題材に演説した。九月七日の麹町栖願寺での自由政談演説会に「待たるるより待つ身になるな」を演説する予定であったが、時間の都合でか演説はなかった。八月に星亨とともに東海道巡回委員として遊説をし、九月に自由党寄付金徴募のためにふたたび東海道を巡回した。十月に加波山事件の関連による国事犯嫌疑で静岡警察署へ拘引され、水戸監獄署に移されたが、七日間で磯山清兵衛とともに放免され、帰京した。

二十二年三月三十日の『読売新聞』は、「小勝俊吉氏は探偵なりし」というショッキングな見出しで次の記事を報道した。

旧自由党員に加入し、ある時は寧静館にあり、ある時は有一館にあり、又ある時は自由新聞社にあり、しきりに悲憤慷慨の説を称えて世の壮士に推されたる小勝俊吉氏は屈指の国事探偵にて、同氏がこの度政論社を解雇されたるも全くこれがためなりと、大阪の東雲新聞に見えし、事実の真偽は本社の知る所にあらず。

『東雲新聞』の記事を転載しただけで、「事実の真偽」は知らないと無責任な記事である。石川諒一『民権自由党史』（昭和四年刊）にも、親戚の久野初太郎が小勝に対して「警察の偵狗」となっていることを批判したとある。自由党大懇親会に出席した小勝の退席を求め、帰らないのであれば「今日この場で君を刺し殺して自殺するよりほかに道がない」とまで極言されて、小勝は立ち去ったというから、自由党解散以前の十七年ころのことであろう。

小勝がスパイであったのは事実とは考えられないが、風説だけがひとり歩きしてしまいがちなこうした嫌疑をぬぐい去るのは、難しいのはいつの時代でも同じであろう。過激な説を称えて民権派を危険な状態に陥れようとしたという照山が密偵であったといわれたのと同様に、過激な説を称えた小勝も密偵と疑われたのである。

十八年には大阪事件が発覚し、斎藤はそれにまきこまれそうになった。

十七年に朝鮮で清国を頼る事大党政権に対して、改革をはかる独立党が日本公使の支援を求めてクーデターを決行したが敗れ、金玉均らが日本に亡命した。大井憲太郎らは独立党を支援し、朝鮮に渡り事大党高官を暗殺して独立党政権を樹立して民主的改革を断行し、日本国内の民主的改革と連動させようと計画したが、事前に発覚して十八年十一月に一三〇人余が逮捕された。

十八年五月はじめに自由党急進派のリーダーの大井憲太郎、岡山県出身で自由党幹事となった小林樟雄、茨城県の磯山清兵衛が朝鮮改革の密議をしたことが発端である。磯山清兵衛が前橋に斎藤壬生雄を訪れ、その後、大井、小林、磯山、斎藤と栃木県の新井章吾の五人で相談をした。その趣旨は斎藤に計画の首領となることを勧めることにあったが、斎藤はすでにキリスト教徒となり人心の改革に従事することを決意していたので断り、新井がその任にあたることになった。自由党が青年を育成する施設として設置した有一館に斎藤は宿泊したが、過激・豪放な態度の青年を見て計画の失敗を予想し、その旨を小林・新井らに注意したという。

十八年五月には斎藤はキリスト教徒となり、神学校入学を検討していたことを大井らが了承したために、大阪事件にはまきこまれなかった。しかし、斎藤の親戚にあたる久野初太郎と実弟山崎重五郎がこの計画に加わった。

計画の遂行のための資金づくりで強盗を命じられた山崎は、北村透谷の親友大矢正夫らと、国事のためではなく酒食のために強盗したといわれることは、祖先の霊に対しても子孫に対しても恥辱を加えることになると、三日間悩んだすえに、「国家のために一身を捧げることはもとより覚悟のことである、ただ士は死すとも名を辱めずは私の信条である」が、国家の幸福のために一身を犠牲にすることは、名誉も祖先も子孫もないと悲痛な決意をして、強盗をはたらき、山崎は獄死、大矢は強盗罪で軽懲役六年の刑を受けた。

二十一年九月二十三日の前橋源英寺で施行された大阪事件に連座し、獄死した実弟山崎重五郎の追悼会に、斎藤壬生雄は出席しなかった。「愚弟山崎重五郎朝鮮事件の一味にして、大阪堀川監獄署収監中腸チブス病に罹りて病死す」と斎藤は記し、明治四十三年になってやっと墓参した。国家改良のために強盗をさせられた実弟の獄中での死も、斎藤を悲しませ、人心改革の決意を深めさせたのであろう。

明治四十三年三月に刊行された『自由党史』を、石巻教会にいた斎藤壬生雄は読んで、いくつかの書き込みをして『自由党史』の誤りをただし、不十分な点を補足した。その『自由党史』上下二巻を、「余の半生涯の記念」として嫡子斎藤幸祐に同年十二月に贈った。

すでにキリスト者として生き、民権運動から離れ、政治運動にはいっさい関わりをもたなくなったが、斎藤壬生雄は自分が行ってきた政治活動そのものを恥辱に満ちた誤りとして抹消しようとしたわけではなかった。立場は異なっていたが、かつて自分のしてきた活動を、父親として子どもに伝えようとしたのである。斎藤壬生雄は自分の過去の行動を正確に息子に語ることのできる父親であった。

斎藤壬生雄は十三年から十七年まで民権運動に活躍した。戊辰戦争で侮辱を受けそれに反抗し、西南雄藩がつくり上げた藩閥政府に、国会開設を要求し、全国的な組織である自由党に加盟して対抗したのである。すでに廃藩置県により前橋藩が消滅し、奉公する主君がなく士族の精神的中核であった忠義が崩壊し、新しい価値観を模索していた斎藤壬生雄が発見し没頭したのが、憎むべき西南雄藩を中心とする藩閥政府に対抗して、人民の福利のために国家体制を変革することであった。藩主に代わって忠義を尽くす対象を天皇としたようだが、どれだけ実感を伴ったのかはわからない。観念的な忠義であったと推測できるが、キリスト者となってからも変わらず、神に仕えることと天皇を尊崇することの矛盾は感じなかったようである。晩年に後の昭和天皇殺害を企てた虎の門事件を、川合信水が病状悪化を恐れて斎藤に知らせなかったというほど、天皇尊崇の念は篤かった。

全国的な民権運動の指導者となるに従い、活動範囲は飛躍的に広がったが、前橋を根拠地として郷党、親戚、家族に囲まれながら運動を展開した。

照山事件をきっかけに政治運動に絶望し、人心の改革を行うためにキリスト者への道を選ぶことになるが、上から指導して人心を改革する士族意識は強烈に維持していた。

第三章　キリスト者として

キリスト教と斎藤壬生雄

斎藤壬生雄の死亡直後に、『上毛教界月報』に掲載された「斎藤壬生雄先生略伝」の後半部分に、斎藤がキリスト教徒になってからの活動を次のとおり記録している。

明治十七年四月、翻然と悟るところがあり、制度文物の改革は決して根本的改革ではなく、真の改革は人心の改革にあると意を決して、二十年十二月に山形教会牧師として赴任したのをはじめとし、函館教会牧師、東北学院幹事及理事、仙台、石巻、福島、中村、岩沼、白石各教会の牧師となり、宮城中会の議長を数回つとめ、北海道中会設立の折は選ばれて第一期の議長となり、大正八年の隠退に至るまで東北伝道界の元老として、救霊事業と教役者の指導統一とに献身奉仕した。

綾部引退後の生活は先生の人格聖化の時季にして、先生は女婿川合信水をとくに敬愛し、道のためには年齢の相違を忘れ、親族の関係を離れて篤学深修した美徳は、実に吾等の景仰に堪えざるところであった。

その晩年の状態は実に聖者の生活にして、親しく天父と交わり、古聖賢と語り黙識神通の境界に達していた。

病漸く進んでふたたび立つことができないことを知るや、大正十一年八月十日遺言書を認め永眠後における挙式その他の万事を川合先生に委託し、全十二年十二月二十七日昇天の期近きを自覚すると、近親の人々を招きまず川合先生の祈祷を請い、次に嗣子幸祐氏全夫人に握手し、次に川合夫人、次に令孫八人にいちいち握手して告別した。翌二十八日午後三時、川合夫人の「父上様は立派なご最後でありますす」との感激の言葉を、歓喜の笑みをもって受けられ、五時十二分、天使の翼に載せられて無限な荘厳のうちに昇天した。享年七十二歳。

キリスト者としての斎藤壬生雄の半生を簡潔にまとめている。

明治二十年（一八八七）に斎藤壬生雄が山形教会に赴任した後、東北地方を中心に三二年間にわたって伝道し、函館、仙台、石巻、福島、中村、岩沼、白石各教会の牧師を務めるとともに、東北学院の幹事・理事となり、宮城中会議長を何度も務めて東北伝道界の元老として、救霊事業と教役者の指導統一をはかった。斎藤が六十八歳になった大正八年（一九一九）に隠退し、子どもの斎藤幸祐のもとで東北学院出身のキリスト者川合信水と深く交わり、京都府綾部で聖者のような生活を送ったことを報告している。

キリスト教入信の事情

斎藤壬生雄は「明治十七年四月、翻然と悟るところがあり、制度文物の改革は決して根本的改革ではなく、真の改革は人心の改革にあると意を決してキリストの道に入りたり」と、制度文物の改革を主張する自由党に限界を感じて見切りをつけ、真の改革には人心の改造が不可欠であり、そのために民権運動から離れてキリスト教の道に入ったという。

キリスト教徒になった民権運動家は多いが、大方は民権運動を続けながら信仰を維持したのに対して、斎藤は政治運動から完全に離反して牧師として宗教活動に専念したのである。

しかし、斎藤のキリスト教への入信の時期については、四〇年以上も前のことについての記事であり、斎藤から生前に情報提供を受けていたとはいえ、必ずしも正確とはいえないと思われるので、検討してみよう。

斎藤壬生雄のキリスト教入信の時期と授洗者については諸説がある。

明治政府の密偵の報告によると「群馬の自由党員にして目下政略上耶蘇教に入りおる斎藤壬生雄、今日上州伊勢崎へ出発したり、その目的は宗教を広むるを名として有志を遊説結合するにあり」（国会図書館憲政資料室所蔵、三島通庸文書）と、斎藤は民権運動を広めるために政略上入信したのであると、密偵は観察した。密偵の報告は不確実なものが多いが、自由党幹部在任中からキリスト教に関心はもっていたようである。

すでに、十一年に斎藤はキリスト教に接触していたようである。同年七月十五日に築地新栄楼に第一回日本キリスト教徒大親睦会が開かれた。各ミッションごとに宗教活動をしていた全国のプロテスタント信徒が、はじめて合同して集会した。京都、大阪、神戸、長崎、新潟（教会員押川方義）、上田、静岡、函館、横浜、東京から参加し、次の演説があった。

奥野昌綱「一致の基礎」、飛鳥金三郎「一致の基礎」、押川方義「キリスト教とこれに敵する者の数」、マクレー（アメリカ人）「聖教を保全するの方法」、粟津高明「キリスト信徒の生活」、海老名喜一郎（弾正）「キリスト信徒交際の精神」、真木重遠「キリスト信徒自立すべき事」、中村正直「キリスト教と文学」、横山錦柵「旧教と新教」。

新潟からは後に斎藤が深く関係する押川方義が参加し、群馬県からは安中教会仮牧師海老名弾正、執事湯浅治郎が参加した。斎藤はこの大会に出席はしていないが、プロテスタント合同の気運が高まった時期に、キリスト教に接触したようである。

この大会後に銀座長老教会の原胤昭邸で京浜近県のキリスト教徒親睦会を開いた。

原胤昭は明治十五年の福島事件につき、河野広中らを政府「転覆」をはかったとして逮捕したことを批判し、「天福六家撰」という河野らの肖像画を錦絵として作成し販売し、発売禁止処分を受け、さらに無料で配布したところ、新聞紙条例違反で禁錮三ヵ月の処分を受けて石川島監獄に入獄した。後に原は監獄の改良を行い、最初の教誨師となり、出獄人を保護する東京保護会を設立した。

その懇親会の記念写真を掲載した『植村正久と其の時代』の編者佐波亘は、その説明に「原胤昭の談によれば」「原の隣は斎藤壬生雄」とあり、腕組みをした和服の男性を斎藤壬生雄としている。写真が小さくて妥当であるか判断できないが、斎藤と交流があった原の隣にいる人物についての証言であり、斎藤と見て間違いないだろう。とすると、明治十一年にはすでに斎藤はキリスト教徒親睦会に出席しており、民権運動開始以前からキリスト教に関心をもっていたことになる。廃藩により忠義の対象を失った士族としての生き方を模索していた斎藤が、最初に接触したのはキリスト教であった。

松平直克が横浜鎖港を担当していたこともあり、藩士斎藤衛夫の子息として、斎藤壬生雄は攘夷を主張していた。衛夫は早くから攘夷の不可能なことを知っていたと青柳新米は回想しているが、藩主の主張した鎖港に同調していた。しかし、鎖港は実現しなかった。前橋藩は慶応四年に横浜に開店した藩営生糸貿易商社敷島屋で生糸貿易を行っており、藩士速水堅曹らが外国商人に生糸を売り込み、さらに外国商人の示唆に基づき、洋式器械製糸所を前橋に設置し、スイス人ミューラーを前橋に招いて技術指導を受けた。このため、前橋藩ではヨーロッパ人への反発は少なかったと思われる。

斎藤壬生雄も攘夷派志士として活動はしたが、攘夷は明治維新後の早い時期に放棄したと推定できる。明治十一年にはヨーロッパ人と彼らの信仰であるキリスト教に対する拒絶感はなくなり、精神的動揺を救うために接触した。この段階では斎藤はまだ民権運動を展開してはいないが、欧米の政治思想にも関心があり、また、佐幕派の士族が信者に多かったプロテスタントにも関心があり、決めかねて信仰するまでには至っていなかった。

明治三十五年一月二十四日発行の『東北教会時報』(第二巻一一号)は、「明治十七年、東京新橋日本基督教会において受洗、同十八年五月、東京一致神学校に入り、同二十年十二月まで神学研究、宮城中会の依嘱により山形日本キリスト教会の伝道の任に当る」と、東北学院幹事であった斎藤自身からの情報にもとづいて、斎藤の経歴を紹介した。十七年に新橋日本基督教会で受洗し、十八年に東京一致神学校に入学してキリスト教を研究したという。

斎藤壬生雄の死後行われた川合信水の弔辞には、三十三歳で受洗したとあり、明治十七年か十八年になる。

民権運動研究家の稲田雅洋氏は、実弟青柳新米の回想録をもとに、十七年十月に安中教会に来た海老名弾正が斎藤家を訪問し、壬生雄にも逢っており、弟の青柳新米が受洗した十七年末に斎藤も海老名から受洗したと推定した。

海老名は明治九年に同志社へ熊本バンドの仲間三〇人とともに入学し、十一年二月に新島の依頼で同志社在学中に安中への伝道を行い、三月に受洗者三〇人で安中教会を設立した。

前記したように同年七月のキリスト教大懇親会に、設立直後の安中教会所属で海老名は出席し、演説をした。十二年七月に同志社を卒業すると、安中教会牧師となり、教勢を拡大するとともに周辺への伝道を進め、高崎・前橋へも伝道した。同志社を卒業した杉田潮を安中教会へ招き、海老名は十七年八月に前橋教会へ移転し、十九年十月に本郷教会を設立するまで前橋で布教した。

この前橋教会牧師時代に青柳新米が受洗したので、斎藤もその頃に受洗したと稲田氏は推定したのであるが、青柳は斎藤が組合教会に所属しなかったことを残念がっており、その後斎藤は一致教会・日本基督教会員として活動するので、組合教会の海老名から斎藤が受洗したとは考えにくい。

山本秀煌『日本基督教会史』によれば、明治十八年三月、新橋教会でG・W・ノックスから関農夫雄、中村尚樹、平岡佳吉、一井正典らとともに斎藤が受洗したとある。

アメリカの長老教会宣教師ジョージ・ウィリアム・ノックスは明治十年に来日し、ヘボン塾、築地大学校、東京一致神学校、明治学院で教鞭を執り、二十七年に帰米した。

ノックスは植村正久らとともに高知へ伝道し、十八年五月に高知教会で民権運動家の片岡健吉、坂本直寛らがノックスから受洗した。片岡は後に衆議院議員になり政治家として活躍するとともに、高知教会の長老に選ばれ、三十六年に死去するまでその職を努め、また日本基督教会伝道局長、同志社社長等に選出され、キリスト教徒政治家として活躍した。坂本は後に札幌日本基督教会の牧師として赴任した。

『福島県史』では、十七年に一神学生の「狭き門より入れよ」の説教を聞いて斎藤は求道の志を起こし、「感ずる所ありて政界を脱しキリスト教に帰依して、国家今日の事たる政治の改革よりも深く人心の根底に入りてその腐敗を匡済すること一層急務なり、かつ根底ある宗教はキリスト教のほかなしと、この主義に立脚し、明治十八年五月、下谷教会にて洗礼を受け、同時に明治学院に神学を学び聖職に従事するの決心をなせり」と、十八年五月、下谷教会で受洗したという。

『共愛学園百年史』では、青柳新米の『回想録』を根拠として、十八年五月に新橋一致教会でノックスに師事し、安川亨牧師から受洗したとある。

安川亨は下総国の農家出身で、明治六年に新栄教会のダヴィッド・タムソンから受洗、十一年に牧師の資格を得て品川教会の牧師から新橋一致教会が改称した芝露月町教会の牧師となった。なお、露月町教会は十七年に芝教会に改称した。安川は十七年十一月に板垣退助の依頼に応じて高知県伝道を斡旋した。二十一年に一致教会を離脱し、美以教会、普及福音教会に転じた。

斎藤の受洗の時期・教会・授洗者について諸説があるが、残念ながら決定できるだけの根拠に乏しく、確定できないが検討してみよう。

十七年六月末まで斎藤は自由党幹部、東北地方担当遊説委員として活躍しており、それ以前に民権運動から離れてキリスト者へ転身したとは考えにくい。

また、その後十八年九月に一致神学校に入学したので、その間に入信したことになる。一致神学校入学、下谷教会所属、一致教会系の教会牧師、東北学院赴任など斎藤のその後の動向を見ると、一致教会で受洗したと推定できる。

斎藤の入信の時期は十七年末から十八年九月までが該当し、それ以前の十七年四月などでは早すぎる。斎藤自身からの情報によると思われる『東北教会時報』の十七年の説も捨てがたいが、山本秀煌の『日本基督教会史』の十八年三月、ノックスから新橋教会で受洗したという記述がもっとも妥当な説であろう。

民権運動からキリスト教への転身は斎藤にとっては唐突ではなく、民権運動以前から関心をもっていた。キリスト者になった動機について本人は記録を残していないが、青柳新米がいう「政治の改革は人心の腐敗防止改善、高潔な人格を作り上げることであり、それはキリストを信ずるにあり」ということのようであり、廃藩置県後の忠義の対象がなくなり、精神的支柱を失った個人的な精神上の動揺を宗教に求めることではなく、上から民衆を指導する牧民の責任をもつ、士族としての意識が強烈にあったことを反映しているようにみえる。

世界的な不況のなかでとくに群馬県では多かった蚕糸業に従事した農民が没落し、減税をはじめとして救済措置を訴え、民衆の不穏状況が深刻になるなかで、自由党解党論が高まった。十七年十月二十九日に、大坂で開いた自由党大会で民衆の要求を組織し指導することを放棄して、解党を決議した。解党に反対であった星亨は、官吏侮辱罪で入監していた。その二日後に最大の激化事件となった秩父事件が起こった。士族と民衆をまとめに指導することができない自由党に対する嫌悪感は斎藤にはなかったようである。士族として民衆を上から指導する姿勢は斎藤にも共通していたからである。

照山殺害事件が斎藤に政治運動からの離反を決意させた原因と思われる。照山がスパイであったのが事実であれば、それが人心腐敗であり、改良すべきことになるし、スパイが組織の中枢部で活動することを許した斎藤を含めた自由党幹部の人を見る目がないことを自責せざるをえない。

直前まで社会改良を訴える演説会に参加した同じ民権運動の組織の同志を、風説だけで確たる根拠もなく釈明の機会さえ与えず、だまし討ちに殺害するに至ったことが斎藤には許せなかったのであろう。永年一緒に運動を進めてきた同志を信じることのできない体質の自由党と民権運動に絶望し、人心の改革のために以前から関心をもっていたキリスト教に専念し、政治運動から離反したのである。政府の弾圧のなかで疑心暗鬼が生じ、永年運動を進めてきた同志を信頼することができなくなる、組織の体質そのものに対する疑問が生じた。「政弊を改革するのみならず、当時の腐敗せる人心を根底より改革せん」と、国家体制の変革よりも人心の改革を先にする必要を痛感したのである。

斎藤があるいは宮部襄に対してそうした自由党の体質を批判したのかもしれない。宮部は樺戸監獄で、自己の党中からスパイを出したことは、自分の統率がよくなかったことを後悔して、キリスト教に入信したという。二十八年六月、特赦により放免された宮部らを、斎藤壬生雄の代理として仙台駅で出迎えた青柳新米が斎藤の名刺を出して挨拶すると、宮部は「オロオロ声で落涙涕泣、本当にみじめであった」と青柳が記しているのは、斎藤の批判を正当なものと宮部が受け止めていたことを示唆している。

民権運動家のなかには政治運動を継続しながら信仰を維持した者も多く、民権運動とキリスト教とは二律背反の性格ではないが、斎藤は運動に絶望して宗教活動に入ったのであり、以後政治運動とはいっさい関わりをもたなかった。

教会は植村正久の下谷教会に出席した。二十年七月二十日に植村正久、岩本善治ら下谷教会員とともに写した写真が『植村正久と其の時代』に掲載されている。すでに斎藤壬生雄の特徴である三国志に出てくる関羽をほうふつとさせる髭を蓄え和服を着ている。

この時期はキリスト教も盛り上がりをみせた時期であり、明治十六年一月に横浜海岸教会を発端として、全国で信仰に対する熱誠が高まるリバイバルが起こり、八年にジェイムス・バラから受洗し、横浜の先志学校にいた星野光多も、こうした熱誠により、湯浅治郎の勧誘を受け入れて高崎への伝道を決意し、翌年には高崎教会を設立するまでになった。明治十七年五月に新栄教会で全国信徒大親睦会と久松座での演説会、十月にルター四百年記念会、さらに同月に新富座でキリスト教大演説会が開かれ、いずれも盛況であった。弁士のひとりであった海老名弾正の回顧によると、演説会に来ていたある民権家が「自分たちの方でもああいう雄弁家がいたらばなあ」と羨ましがったというように、キリスト教演説会に民権家も来ており、あるいは民権運動に絶望し生き方に迷っていた斎藤壬生雄も、聴衆のひとりだったのかもしれない。

明治十八年九月、斎藤は東京一致神学校に入学し、二十年十二月まで同校で学んだ。なお、東京一致神学校は明治二十年一月、東京一致英和学校・英和予備校と合同し明治学院となった。

東京一致神学校

斎藤壬生雄が学んだ東京一致神学校は明治十年に設立された日本人聖職者養成学校である。横浜に最初に英語教育機関として文久三年（一八六三）に設立されたのがヘボン塾である。

中国で伝道した経験をもつアメリカの長老教会のＪ・Ｃ・ヘボンと改革派教会のブラウンは、安政六年

（一八五九）に相次いで来日し、幕府が横浜に開いた英学所の教師に任命されるとともに、ヘボンは英語の私塾ヘボン塾を横浜に開いた。高橋是清・植村正久らが学んだ。

文久元年（一八六一）に来日した改革派宣教師ジェイムス・バラは、慶応二年（一八六六）から自宅で教育をはじめ、明治四年に横浜の小会堂でバラ塾を開いた。

江戸幕府が慶応元年に横浜に幕臣の子弟養成機関として設置した修文館を、明治元年に神奈川裁判所が再建して国漢洋三学を学ばせた。ブラウンは明治政府が新潟に新設した英語学校、その後修文館教師に任命された。修文館は明治五年に私立同文社と合併して啓行堂と改称し、後に自由党に入党し政治家として活躍する星亭が修文館から教頭として移った。明治四年に高島嘉右衛門が設立した高島学校を六年に合併し、横浜市学校と改称した。

修文館には旗本の子弟の植村正久、津軽藩出身の本多庸一、伊予松山出身の押川方義、会津藩出身士族で十五歳で会津城に立てこもって東征軍と戦い敗れて、十七歳で英学研究に横浜に来た井深梶之助らの、薩長政府に対して反感をもつ旧幕府側の子弟が入学した。そのほか群馬県出身で伊予松山の西条藩士の養子となり、後に山県有朋の信任を得て内務・外務官僚として活躍し外務次官、貴族院議員となった都築馨六もいた。

明治六年にブラウンは横浜市学校を辞職し、私塾のブラウン塾を開いた。ブラウン塾にはジェイムス・バラの指導するバラ塾から移った押川方義、植村正久、藤生金六をはじめ、島田三郎らが学んだ。

ヘボンは英和辞書・和英辞書を作成するとともに、ブラウンと協力して聖書の日本語訳を明治五、六年に完成し、さらに改定を重ね十三年に完訳記念会を開いたが、ブラウンは帰国した。ジェイムス・バラの弟で、明治五年に来日し、高島学校で英語を教えていたジョン・バラに、ブラウンが八年から教育を任せたので、ブラウン塾はバラ学校ともいわれた。明治十年に来日したノックスが同校の教育を手伝い、また横浜の住吉町教会の牧師としても活動した。

こうして英語教育とともにプロテスタントの伝道もさかんに行われ、明治五年二月、押川方義ら受洗者九人で日本人による最初のプロテスタント教会である日本基督公会を横浜に設立し、バラが仮牧師となった。アメリカ長老教会、アメリカ・オランダ改革派教会が関係したが、聖書を基礎として教派に属さないことを主義とした。外国人宣教師も、キリスト教の理解も浅く教派分立の歴史を了解しない日本では公同的に布教することが適当であると、無教派主義を支持した。しかし、キリスト教禁令が撤廃されると各国から多数の宣教師が来日し、長老派が独自行動を取り、日本長老会を組織して長老派教会を設立した。

日本基督公会規則では教師、長老、執事の三職を置くことにした。教師は祈祷を務め、キリスト教の道を伝え、洗礼と聖晩餐を行い、長老、執事を監督し、長老とともに信者の進教、退会の認可を職務とした。長老は教師とともに信者の進教、退会の認可、教師の補助、教友の指導、集会の円滑を職務とした。執事は財政を取り扱った。

東京でも伝道が進み、六年九月に横浜公会の信者七人と東京で受洗した安川亨らが築地に日本基督公会を設立し、横浜公会の支会とし、タムソンが仮牧師となり、八年に新栄教会として会堂を建築した。横浜公会と定期的に協議した。七年四月に合同が提起され、さらに、同年に設立された神戸、大阪の教会とも合同をすることを協議したが、実現しなかった。

一方、スコットランド一致長老教会は明治七年に宣教師を日本に派遣し、そのうちのひとりの宣教師ワデルはアメリカ長老教会のカロゾルスが開いた私塾の築地大学校で教え、またワデルも私塾を開き、東京第一長老教会を明治七年十月に設立した。原胤昭、田村直臣、都築馨六、鈴木舎定、長田時行らが所属し、安川亨が新栄教会から転じて来た。

プロテスタントの基督公会、長老教会、組合教会が、信者も少ない日本で教派性を強調するよりはと合同をはかったが難航し、組合教会は離脱し、基督公会と長老教会との合同が進められ、明治十年十月、日本基督一致教会が設立された。

基督公会から横浜海岸教会、東京新栄教会、信州上田教会、肥前長崎教会、長老教会から横浜住吉町教会、東京芝露月町教会、品川教会、千葉教会、大森教会の九教会が所属し、会員は六二三人であった。一致教会は関東を根拠地とし、合同に反対した組合教会は関西を中心に布教した。この会議で三人の日本人信者に教会の職務への任職式である按手礼を施してはじめて教師に任命し、その後日本人教師が数多く誕生することになった。

日本基督一致教会常例では、牧師、長老、執事を置くことにした。日本基督公会で設置した教師、長老、執事と類似しているが、教師を牧師と改めた。牧師は祈祷を務め、キリスト教の道を伝え、洗礼と聖晩餐を行い、長老、執事を監督し、異端を防ぎ、長老とともに信者の進教、退会の認可を職務とした。長老は牧師とともに信者の進教、退会の認可、牧師、執事、教友の監督、そのほか諸事を司ることを職務とした。執事は財政を取り扱い、疾病、貧窮の救済を職務とした。

そのための聖職者教育機関として関東地方で信者の多かった横浜と東京の学校を統合し、築地に東京一致神学校を明治十年九月に開校したのである。アメリカ・オランダ改革派教会、アメリカ長老教会、スコットランド一致長老教会の三ミッション協議会が管理した。フルベッキ、タムソン、ノックスらが教えた。後に斎藤壬生雄がここで学ぶのである。

横浜から移った植村正久、井深梶之助、松村（森本）介石、藤生金六らと、築地の田村直臣、原胤昭らが一緒に学ぶことになった。旧幕臣や佐幕派の青年が多く、同校の十七年から十九年までの在学者五九人のうち、三二人が士族であった。敗残者として失意と不遇な境遇におかれ、かえってそのことが時代を批判し、時代と戦おうとする新しい信仰を受け入れたという。旧時代の指導者としての矜持と誇りを維持し、新たに受け入れた信仰によって社会を教化する使命感が、伝道者としての使命感と混在していたのである。

植村らの横浜バンドと田村直臣らの築地バンドとが合同したのであるが、個性の強いグループの関係は良好ではなく、横浜から移った松村介石は「ほとんど皆品性の劣等な無学な連中」と築地バンドを観察し、退校してしまった。

さらに、十三年九月、築地にアメリカ長老教会の設立した築地大学校にヘボン塾の生徒が移転し、ノックスらが教えた。十四年に横浜に一致神学校予備校として改革派宣教師たちの要請により、来日したワイコフが先志学校を設立し、星野光多が協力した。十六年に先志学校と築地大学校とが合併して東京一致英和学校となった。十九年の同校の理事にはノックス、ジョン・バラ、アメルマン、井深梶之助、中島信行、植村正久らがいた。その予科に相当する英和予備校を翌十七年に設立した。

植村正久と下谷教会

斎藤壬生雄が所属した下谷教会とそれを設立して牧師となった植村正久について触れておこう。

植村正久は安政四年（一八五七）、旗本の子どもとして生まれた。斎藤壬生雄より五歳年少である。明治維新後は領地のあった千葉県で一時帰農し、明治四年（一八七一）、横浜の修文館漢学科に入学し、翌五年、横浜のヘボンの私塾に学び、六年に洗礼を受け、その後バラ学校に転じ、さらにブラウン塾に移った。ブラウン塾が東京一致神学校に合併するのに伴い、植村も東京に移った。

十一年四月、築地新栄橋教会で開催された日本基督一致教会中会で安川亨が教師となり、植村正久、井深梶之助、藤生金六ら一二人が聖職者の試験を受けて合格し、准允書を与えられ、教師試補となった。

同年六月、植村は東京一致神学校を卒業した。翌年教師試験に井深梶之助、田村直臣とともに合格し、十二年十一月に下谷一致教会を創立してその牧師となった。同日に井深は麹町教会、田村は銀座教会の牧師となった。下谷教会員には後に自由党副総理となる中島信之らがいた。

十三年に植村と海老名弾正とが中心となって、小崎弘道、井深梶之助、湯浅治郎らが協力して東京青年会を組織し、キリスト教学術雑誌の『六合雑誌』を創刊した。内村鑑三、徳富蘇峰、浮田和民、松村介石、竹越与三郎らも寄稿などにより協力した。

十六年に植村は高崎から長野県を巡回伝道し、星野光多を高崎教会に派遣した。十六年に基督教大親睦会が開かれ、その懇親会でキリスト教関係を出版する警醒社が設立されることになり、湯浅治郎らが携わり、週刊のキリスト教新聞の『東京毎週新報』を創刊し、植村らが十七年まで編集を担当した。十七年に日本人による最初のキリスト教神学書の『真理一斑』を同社から刊行した。

十七年に植村はフルベッキらとともに高崎・前橋へ伝道し、高崎町新紺屋町の劇場の演説会に出席し、二月二十九日に蔵原惟郭「駁唯物論」、木村熊二「天然と習慣の弁」、高崎の星野光多が「経済学の基礎」、三月一日には海老名弾正が「天命論」、フルベッキが「神の存在」、植村が「宗教の説」を演説した。三月二日には寄合町の講義所でフルベッキが一〇余人に授洗し、聖餐式をあげた。次いで、三月四日には前橋町紺屋町の金川宅で蔵原惟郭「駁唯物論」、海老名弾正「天命論」、木村熊二「自修論」、フルベッキ「適種生存」の後に植村が「霊魂の説」を演説した。一致教会と組合教会の合同が失敗するまでは、両派は協力して演説会を開いていた。

十八年に植村は高知へ伝道した。十七年にフルベッキ、タムソン、ノックスらによる高知伝道が行われ、植村がそれに引き続いて行ったものであり、十八年五月に片岡健吉、坂本直寛らがノックスから受洗し、会員二一人で高知教会を設立した。

十八年に日本全国でキリスト者一万一〇〇〇人であったのが、二十一年には二万三〇〇〇人に倍増し、キリスト教が広まった時期である。

十八年に湯浅治郎の弟で同志社の湯浅吉郎が、聖書に題材を取った詩集『十二の石塚』を刊行したが、その序文を植村が執筆した。

下谷では植村の練塀町の自宅を仮会堂に使用していたが、十四年に御徒町に会堂を新築し、植村はこの牧師として伝道に従事した。藤生金六も下谷教会に所属した。

十九年に植村は麹町に番町一致教会を創設して移り、その牧師として活動した。一番町教会の長老に改進党政治家島田三郎がおり、作家島崎藤村が通っていたことは著名である。二十一年にアメリカ、イギリスに外遊し、二十二年二月に帰国し、明治学院教授も務めた。

明治憲法が制定され、国会が開かれ、次第に国粋主義が流行しはじめた二十三年に、植村は社会評論雑誌の『日本評論』を創刊し、植木枝盛、中江兆民、尾崎行雄、大井憲太郎、島田三郎らの民権家をはじめ、三宅雪嶺、福地源一郎らの論客の協力を得た。植村もキリスト教評論、文芸評論を執筆した。また、キリスト教雑誌『福音週報』（後の『福音新報』）を創刊し、国木田独歩、島崎藤村、正宗白鳥らに影響を与えた。日露戦争後、外国人宣教師から教会の独立をさらに強調した。三十九年四月に富士見町教会を新築し、布教活動を展開した。

植村は一致教会、日本基督教会に所属し、押川、井深らとともにもっとも早くからキリスト教布教に生涯を懸けた。押川方義が国家主義に傾いてキリスト教界から実業界、政界に転身した生き方とは異なり、政治と宗教とが結合することを嫌い、「福音主義」の立場を守り教会活動を基本としてキリスト教の国民化に努力した。大正十四年に死去した。

植村は十六年に民権運動を批判して、「日本をして真正の自由国家たらしめんとなれば先づ人民の精神を培養せざる可らず」(「日本伝道論」『東京毎週新報』)と、自由の制度文明を改革するには精神を改革しなければならないことを指摘した。名利肉欲を追求し徳義を忘れている当時の政府、在野を問わず政治運動に携わる者に道義を強調し、そのためのキリスト教伝道を説いたのである。斎藤壬生雄が民権運動から離れてキリスト教に赴いた動機とまったく同じ考え方であり、斎藤が影響を受けたことが推測できる。

東京一致神学校卒業

自筆履歴書に「明治十八年九月より二十年十二月まで東京一致神学校に入り神学修業」とあったように、三十六歳になった斎藤壬生雄は、十八年九月に妻子を連れて築地の東京一致神学校に入り神学を勉強し、その宿舎には実弟の青柳新米も同居した。二年二ヵ月学んだ後、二十年十二月に山形教会に赴任した。

東京一致神学校は斎藤入学前後に大きな組織改革を行った。

東京一致神学校と東京一致英和学校・英和予備校とが十九年四月に合併を決定し、二十年一月に認可されて明治学院となった。アメリカ長老教会と改革派が中心となり、スコットランド一致長老教会が関与して合併したのである。

二十年九月に荏原郡白金村（現港区白金台）に新築された校舎に、東京一致英和学校が明治学院普通学部に改組して移転し、二十二年九月に明治学院神学部に改組された東京一致神学校が移転したので、斎藤は明治学院にはなったが、白金に移転する前に退校したことになる。

明治学院は二十二年にヘボンを総理、井深梶之助を副総理とし、バラ、ワイコフ、ノックス、植村正久、押川方義らが教えた。同校に学んだ学生には島崎藤村、その同級生として英和予備校から進学した、群馬県の生糸直輸出業者星野長太郎の嫡子星野元治らがいた。

東京一致神学校も明治学院神学部も修業年限は三年であり、十月にはじまり六月に終了し、夏季休暇中は伝道に従事した。したがって、斎藤壬生雄は約七ヵ月間修業年限が不足することになる。青柳新米の「回想録」によれば、退校した斎藤の学力を卒業相当と認め、卒業証書を山形に郵送したという。

なお、明治十九年から一致教会と組合教会との合同問題が起こった。

二十年五月三日、東京木挽町の厚生館で開かれた日本基督教会大会に、東京第二中会下谷教会から植村正久とともに、斎藤壬生雄が議員として出席していることが『基督教新聞』に報道されている。そのほか、この大会に東京第一中会からバラ兄弟、ヘボン、井深梶之助、数寄屋橋教会から田村直臣、新橋教会から安川亨、第二中会からフルベッキ、宮城中会仙台教会から押川方義、石巻教会から藤生金六らが出席した。大きな議題は一致教会と組合教会との合同であり、押川、井深、植村らを委員として交渉することを決定した。

同年五月七日から十二日まで日本基督教徒同盟会を厚生館で開き、諸教派の合同と一致して進める廃娼運動などを討議したが、仙台教会押川方義、石巻教会藤生金六らの一致教会、星野光多，不破唯次郎、斎藤寿雄らの組合教会と、美以教会、監督教会とから一三二人が出席して、プロテスタント各派が共同して進める事業等につき協議した。基督教新聞社にいた松村介石が新聞・雑誌発行を提案し、藤生金六らが賛成した。

合同問題は、当初合同に賛成していた組合教会で新島襄の意向が強く働いて合同に反対することになり、二十三年四月になって合同は最終的に失敗に終わった。外国キリスト教界の援助を受けるか、独立するかがひとつの争点になった。また、組合教会は各教会の独自性を尊重するのに対して、一致教会は教会的性格をもつ中会に大きな権限を与えた点が、教会運営方法の違いであった。

明治二十三年にプロテスタント信者は全国で二万七七一九人であり、そのうち一致教会八八二八人、組合教会九〇二三人、計一万七八五一人、六四％を占めた（次頁の表参照）。

三十二年にキリスト教教職は全国で一〇二七人おり、そのうち日本人教職は九七五人、教会・講義所等は一〇二七ヵ所であった。日本人教職はハリストス正教が一七三人、教会・講義所等は九八ヵ所、日本聖公会が一九五人・二〇三ヵ所と多い。プロテスタントでは、日本基督教会が一八三人・二〇八ヵ所、日本組合教会が九四人・九九ヵ所、メソジスト系の美以教会・日本美以教会・南美以教会合計で一二九人・一四二ヵ所などであり、組合教会と基督教会が合同すれば二七七人と、全教職の約三分の一を占める一大勢力となり、伝道に大きな力を発揮することが期待されたのであった。

地域的にはカトリック、プロテスタントをあわせて東京が日本人教職一三八人、教会・講義所等二〇八ヵ所ともっとも多く、次いで北海道に六七人・七三ヵ所と多い。後に斎藤壬生雄が所属した東北地方では、宮城県は五八人・四三ヵ所、福島県に二一人・二〇ヵ所、岩手県は一五人・二〇ヵ所、秋田県に一〇人・一一ヵ所、山形県に七人・一二ヵ所、青森県は一五人・一四ヵ所であり、とくに宮城県は北海道に次いで多く、キリスト教のさかんな地域であったといえる。ちなみに群馬県は一八人・二一ヵ所であった。

キリスト教徒数一覧表

教派	教会数	教師	伝道士	宣教師	受洗者	会員総数	信徒全数	日曜学校生徒	集金総額
一致	59	37	34	45	3475	7708	8828		円 34476
長老	9		2	4	99	480	554		506
英監督	25	3	12	16	506	1023	1329	294	1560
米監督	21	1	43	10	402	1036	1036	467	905
組合	48	32	62	27	2091	8469	9023	6411	16099
メソジスト・エピスコパル	31	23	30	32	710	2961	2961	4113	4934
日本メソジスト	10	7	29	11	392	1094	1378	1422	4100
合計	233	117	262	180	8320	25213	27719	14954	67960

(『基督教新聞』明治23年1月3日号より作成。その他、10の小教派があるが省略した)

しかし、同年に神社は五万六六五四六社、神官は一万五四四六人、寺院は七万一九七七寺、住職は五万四〇四八人であったから、キリスト教がさかんであったといっても神道・仏教とは比較にはならないほど少ない。

植村、押川、井深らが所属した日本基督一致教会は、組合教会との合同に失敗した二十三年に日本基督教会と改称した。

日清戦争後になって伝道者の任免、伝道地の開廃、ミッションからの補助などを決定する委員に外国人、日本人同数を選出して、外国人宣教師の権限縮小をはかり、また、三十七年に外国の資金から独立した東京神学社専門学校を設立して、植村が校長となり伝道者の養成にあたった。

斎藤壬生雄は十八年九月に東京一致神学校に入学し、二十年十二月に明治学院を退学して、山形教会に赴任した。

同居した青柳新米は神学校時代の斎藤を次のように回想した。

神学校入りの動機は政治の改革はまず人心の改革改善より、人心が腐っていては政治も何もあったものではない、よろしく人心の腐敗を防止より手を下さねばならない、人心の腐敗防止改善は全能の神、生ける神、キリストを信ずるにあり、以上の見地から壬生雄兄上はキリスト教に入られた。

兄上は聖書の教訓中医者自らをいやせという句をよく人に書いて与えられた、政界を脱脚して宗教界に入られたのも、何をおいても人心の腐敗をとめてからのこととの見地からであった、何事よりも先きに高潔な人格をつくり上げる人の模範となることが一バンであると信ぜられた。

政治の改革より民心の腐敗を阻止するのが必要であると極力主張した。

兄が政界を去って宗教界に入りたるは三十四才のときかと思う、兄は一たん転向さるるや伝道の精神に燃え、神学校在学中ミッションの依頼により各地に出張し福音の宣伝に努力し、後には錦町三條侯の邸内に講義所を設け、自身その主任者となりて説教講義をなし、この講義所で発心受洗したるもの幾十人なりしならん、兄の応援の最有力者は植村正久、井深梶之助氏らにて、中島信之氏の如き婦人同伴（有名な松園女史）にて出席せられるのを見受けた。

兄は神学校入学以来神学その他の勉強には熱心であったが、直接伝道により以上熱心であった。会う人は旧友であろうが親戚であろうがさらにとん着せず、かならずキリスト教の研究上信仰を勧められた。話はたいがい簡明率直いわゆる直接ばなしであった。

兄は神学校卒業にはなお一学期を残す十二月末に押川方義先生より山形教会へ牧師としての赴任を依頼せらるるや、これを快諾して決起して積雪丈余といわれた会津、米沢間の山越えを、兄も義姉もわらじ、キャハン脚で姉は千代を負いてこれに随行し、ついに山形入りを遂行せられたのであった。

神学校では強硬にこれに反対し卒業式に赴任すべきを百方勧告したるも、兄は卒業免状のごときは必要なしと学校の申し出を拒絶、自己の決意を遂行された。ただし、学校では兄の学力を認め同学年の卒業免状をわざわざ山形に郵送し来たれりという。

と、神学校入学から卒業までを回顧した。

人心の改革のためにキリスト教に入ったこと、斎藤自身が高潔な人格となることを目指したこと、民衆に直接伝道することに情熱をもっていたこと、押川方義から山形教会行きを勧められ、卒業を待たずに赴任したことなどが注目すべき証言である。

しかし、後年になっての回想であり、記憶違いがあるようだ。民権運動引退直後は士族意識が強く、演説会などに消極的であり、民衆に直接伝道することに情熱をもつようになったのは、教会の牧師として信者に接触するようになってからと思われる。

女婿川合信水が斎藤の葬儀に際して行った説教で、終生宗教と国家の問題を課題とし、「実に国を憂うる赤心あたかもおのれが身を憂うるがごとくでありました」と記しており、斎藤壬生雄にとって国を憂え、それを改革することが最大の課題であったことを指摘している。制度、社会体制の改革より、それを支える人心を改革することを重視し、腐敗した人心を改革するために全能の神を信じるキリスト教を選択した。そのためにまず自分自身の人格を高潔にすることを自覚し、神学の勉学に励んだ。

初期のキリスト者はわが国の近代化を支える精神的バックボーンをキリスト教に求めたが、それを得られなかった者は、むしろ武士道などのわが国の伝統的な教養に活路を見いだそうとしたのであり、天下国家を論じそれを上から指導する武士意識が強烈に残存していた。

明治九年にバラ学校に入り、東京一致神学校で学んだ松村介石は、バラやヘボンは一個人の霊魂を地獄の煉獄から救うことを中心とし、天下国家のことを教えて貰ったことがないことを不満とし、「わが国家を救うことがわが任務なり、わが責任なり」と、すさまじいまでの気炎と抱負を回想している。

押川方義は天国に行って限りなき奇瑞に救われることも大切であるが、この世において堂々たる偉丈夫となることはもっとも望むところであり、それはキリスト教よりは武士道の方がすぐれているといい、「わが日本を救い給え」と祈ったことに松村は共感している。当時のキリスト者の多くは、個人の救済よりも国家の救済に重点を置いていたのである。

松村は明治四十年にキリスト教に儒学思想を取り入れた超教派的な日本教会（後に道会に改組）を組織して、キリスト教から離れた。押川は国家主義的風潮の高まりのなかで中国大陸への伝道を志した。

斎藤壬生雄も入信当時は同様に上から指導して人心の改良を志したが、押川らが一致教会・日本基督教会を離れた後も、それに同調せずに教会牧師として、東北地方の民衆の精神的救済に専念した。東征軍に反抗し会津藩とともに戦った少年時代の維新体験から、牧師になってからは、東北・北海道の教会を歴任し、近代になっても冷遇を強いられた東北地方に固執したのである。民衆とともに生きることにより、士族の身分を自己否定して民衆として生きる道を選び、晩年に聖者のような境地にたどり着いたのである。

山形教会へ着任

明治二十年十二月、斎藤壬生雄が神学校を去り山形教会へ赴くにあたって、「微力のあらん限りを尽くし東北地方の土となるとの決心を示した」と、青柳新米は回想した。

さらに、「政治運動に見切りをつけ断固キリスト教徒となり、余生をキリストに捧げ、東北の土となると大決心をした」「宣教師ドクトルモール氏の如き感泣し之を迎え、又同地に英学校を立てていた森本介石氏も兄上に協力を申し出たのであった、兄上は神学校を去るにあたり我は此行微力のあらんかぎりを尽し、東北地方の土となるとの決心を示されたのであった」と、斎藤が「東北の土」となる覚悟を示して山形へ赴任したことを回想している。

キリスト者としての斎藤壬生雄は宮城中会に所属して、東北地方と北海道の教会と、その教育施設である東北学院に活動範囲を限定した。少年時代の奥羽越列藩同盟への思いが連想される。

宮城中会の前身の仙台中会は、明治十三年から東北地方伝道をはじめた押川方義、吉田亀太郎と、斎藤が受洗したノックスや、バラ、ホーイらの宣教師が協議して、一致教会に所属した東北地方の仙台・函館・岩沼・石巻の四教会で明治十八年に組織したのがはじまりで、翌十九年に古川教会が所属して五教会になった。仙台教会員一六四人、岩沼教会員二二人、石巻教会員二五人、古川教会員一二人であり、仙台教会以外は少人数の教会であった。二十年には宮城中会所属会員は五教会で五六九人、二十二年には北海道鼈別教会が加わって六教会となり、会員は一〇二八人、二十三年には一一三七人と増加した。

吉田亀太郎は花巻出身で石巻で育ち、新潟で押川らの説教を聞き受洗し、押川に協力し、十三年からハリストス教会があった仙台でプロテスタントの伝道をはじめ、十四年に仙台教会を押川とともに創立し、その後も東北地方で布教活動に活躍した。

十八年十一月の日本基督一致教会第三回大会で仙台中会の設立が議決され、同時に宮城中会と改称した。明治二十年十二月二十二日、斎藤壬生雄は山形一致教会へ妻子を連れて赴任した。山形にはすでにメソジスト系の美以教会が明治十五年に設立されていた。

山形一致教会は山形英学校設立に関連して創設されたのである。押川方義は吉田亀太郎の報告により東北地方伝道のために、新潟から明治十二年九月にイギリス人医師で布教活動をしていたパームとともに、山形に入り説教会を開いたが、継続できなかった。十三年九月には吉田の故郷の石巻で布教を行った。十八年に押川が仙台教会などを創設し、伝道者養成のために仙台神学校を設立し、本格的に東北地方の伝道活動を展開した。

山形英学校設立の相談を県知事柴原和から受けた押川方義が、宣教師を兼ねた同校の校長となった。押川が斡旋して教員として宣教師のムーアが着任し、その補助者として倉長恕を選任した。倉長は英学校で教育に従事するかたわら伝道に着手した。

英学校は山形の旅籠町にあり、英語をはじめ和漢の文学、数学、ドイツ語を修業年限四年で教え、教員は六人、横浜バンドから東京一致神学校へ移った松村（当時は森本）介石が教頭で、そのほかの教師もキリスト教徒であった。

松村は「新たに教会を起こすこととなり、当時自由党より転じて来た斎藤壬生雄氏がその牧師となって赴任して来た。しかし、わが輩はなるべく説教の依頼を避けた」と回想しており、キリスト教徒の教員が多かった英学校から、できたばかりの山形教会の協力を求めることは遠慮したようである。

英学校は知事の主唱で設立し県立とする計画であったが、山形県会がその予算執行を否決したため、校舎を無代交付された県会議員坂東東一郎を校主とする私立学校として、二十年十一月二十日に設立したのである。生徒は明治二十年に八三人、二十一年九二人、二十二年一〇〇人、二十三年一三八人と増加したが、山形師範学校、山形県中学校への入学者が増加し、憲法制定、教育勅語発布など国粋主義的風潮もあり、英学校の維持が困難となり、二十四年には廃校となった。わずか四年間だけの存続であった。

山形県ではメソジスト系のプロテスタントの伝道が行われ、明治十三年に天童美以教会、十五年に山形（本町）教会、十八年に米沢教会が設立された。一致教会系の押川方義がアメリカ・ドイツ改革派教会と提携し、十九年に上山教会、二十年に山形（六日町）教会、鶴岡に荘内教会、二十三年に米沢教会を設立した。そのほか、二十年にカトリックの鶴岡教会が設立され、上山と山形にハリストスの教会が設立された。

山形英学校の教員でもあった倉長恕が、校務のかたわら押川方義の指導により日本基督一致教会山形講義所を設立して伝道に着手し、初代牧師として斎藤を招聘し、明治学院在学中の斎藤がそれに応じ、学業途中で設立されたばかりの山形教会に着任したのである。

倉長恕

倉長恕は、斎藤壬生雄が上毛新聞社の編集長になる直前に同社の記者であり、同紙に自由民権説に基づいた論説を載せ、群馬県内で演説会に出席する活躍していたので、斎藤とは面識があった。上毛新聞退社後の十五年に『東北自由新聞』の記者となった。

倉長がいつからキリスト教に関心を持ったのかはわからないが、斎藤と同様に民権運動からキリスト教へ転身した。明治二十年九月二十四日、二十五日に宮城県石巻の内海座で開催したキリスト教演説会に倉長が出席したことを『基督教新聞』に寄稿しており、そのなかで「我が一致教会」と表現していることから、倉長はすでに一致教会に深く関わっていたことがわかる。洗礼は押川正義から二十一年一月二日に受けた。

倉長は山形教会から二十一年に創立された荘内教会の初代牧師として赴任し、二十三年五月まで在任した。二十一年七月十四日に荘内講義所が鶴岡町の若木座で演説会を開き、倉長らが演説をした。藤生金六が同年六月に荘内中学校の校長として赴任してきたので、協力して伝道に力を尽くした。

二十二年七月、荘内教会創立一周年を記念して十四日に祈祷会、十五日に一〇〇人ほどで大親睦会を開催し、その夜の記念演説会には倉長らが演説し、七〇〇人ほどが集まった。

荘内教会で二十一年十一月二十五日にムーアが秋保親晴ら五人に洗礼を授け、倉長は授洗する資格がなかったようである。

斎藤壬生雄が山形教会に赴任し、授洗資格を得ると斎藤も次のとおり授洗して荘内教会に協力した。そのほか、藤生金六も授洗した。

二十二年十一月　　三日　斎藤壬生雄　：佐藤稠松ら四人に授洗

二十三年　三月二十三日　藤生金六：五十嵐正ら四人に授洗

二十三年　　五月　　九日　藤生金六：富樫真太郎ら二人に授洗

二十五年　七月二十四日　藤生金六：尾形保五郎ら五人に授洗

三十八年五月二十五日には宮城中会伝道委員として、斎藤壬生雄が荘内教会で阿部柳三ら三人に授洗した。

一致教会山形講義所記事

倉長恕が明治二十一年から山形教会の日誌を記載しはじめ、その後斎藤も含めた牧師などが二十八年までに断続的に記録した「一致教会山形講義所記事」が山形六日町教会に保存されており、牧師としての斎藤壬生雄の活動が記録されているので、それを中心として山形教会における斎藤のキリスト者としての活動を紹介しよう。

明治二十年十一月十三日、英学校設立直前に、倉長恕が電信を東京に発して「伝道者斎藤壬生雄氏の来形」を促した。これはすでに約束したものだからと、すでに十一月以前に斎藤は山形教会赴任を決意していたという。その返信に「植村正久氏は阪地にあり、帰るを待て行を決せん」と、一致神学校在学中の斎藤が所属する下谷教会の牧師植村正久と相談のうえ、山形教会へ赴任することを連絡したのである。

十二月七日に「下谷一致教会長老」の斎藤壬生雄が伝道のために山形へ出発したと『基督教新聞』に報道された。明治学院に在学して下谷教会の布教を長老として手伝っていたのである。新聞には七日とあるが、記録には次のとおり十二日に東京出発とある。

十二月十二日　斎藤氏東京を発す、途中前橋にしてたまたまその小児の微恙に罹りあり、よって延着の報あり

斎藤は山形へ赴任する途中にふるさとの前橋に立ち寄ったところ、子どもが病気にかかりすぐには出発できず、到着が遅れると山形教会に通知した。斎藤の活動の記録は十分残っていないが、ふるさとに帰った記録はこれ以外には見あたらない。斎藤は民権運動から離れるとともに郷関を出たまま帰らなかったようだ。この後はさらに前橋とは縁遠くなり、郷党の指導者ではなく、ひとりのキリスト者として知人も少

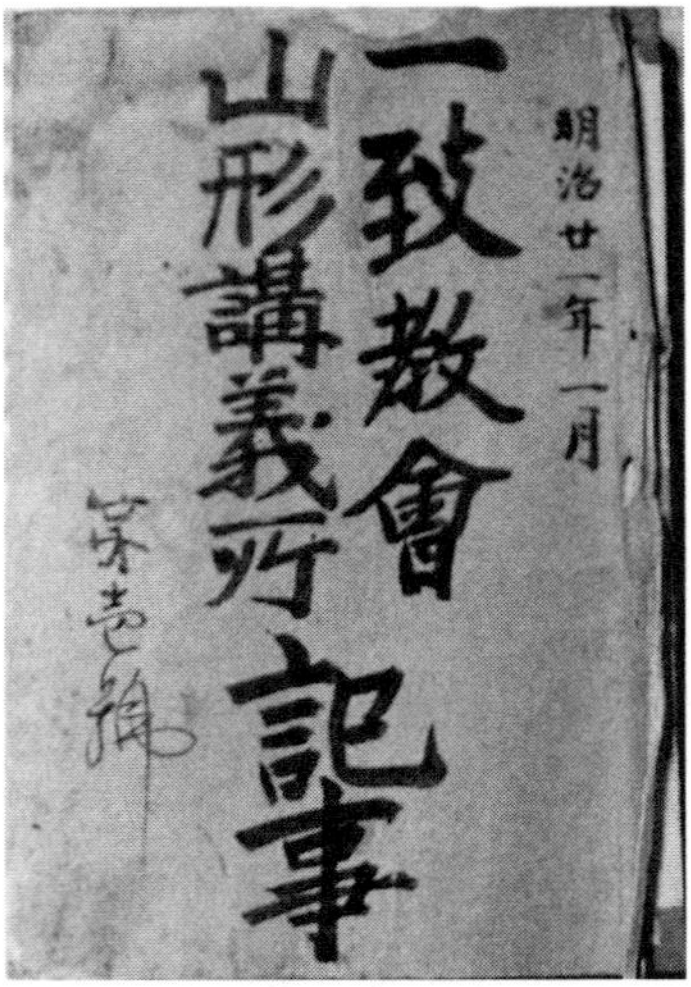

「一致教会山形講義所記事」表紙

ない東北地方で伝道に半生を捧げたのである。

　十二月十八日　安息日に七日町講義所に十有余名の兄弟姉妹相集り、森本兄の感話あり、ともに聖霊
　　に満たされ、また斎藤氏の安着を祈りて散す（自午前十時至十二時）

英学校にいた松村介石は山形教会の斎藤には説教の依頼をしなかったと回想したが、松村が教会の事業には協力しており、この日も松村が教会で説教をした。十二月十八日にはまだ斎藤は到着していないが、その無事到着を祈った。

　十二月二十二日　午前斎藤壬生雄氏来着す、直に寓を講義所内に定む
　　この行や福島より雪裡を踏みすこぶる報労、ついに感冒して蓐に臥す
　　翌日書を飛せて斎藤氏の来着を仙台に報す

斎藤は福島から雪の中を徒歩で苦労して山形まで二月二十二日にたどり着いたが、疲労と風邪でダウンしてしまった。さっそく仙台の宮城中会へ斎藤到着を連絡した。

　十二月二十五日　安息日は救主降誕の祝日に当り十有余名の兄弟姉妹は「モール」氏の邸に集い聖日
　　を守る、斎藤氏病を力めて一場の勧めをなせり

十二月二十五日のクリスマスには宣教師のムーア（モール）邸に信者が集まり、斎藤はまだ風邪が治っていなかったが、それを押して祈祷した。アメリカ・ペンシルバニア出身で改革派教会の宣教師Ｊ・Ｐ・ムーアは明治十六年に来日し、二十年に仙台に移り山形英学校教師として赴任し、山形教会に尽力した。

二十一年に東北学院に移り、宮城女学校校長も務めた。

〔二十一年〕一月十八日　血城姉の帰京送別会、斎藤兄姉の歓迎会を亀松閣に開会す、午後四時、倉長恕氏は兄姉惣代として開会の主旨を陳述す、鈴木義一氏の勧話、斎藤氏の答辞あり、茶菓の饗応の後森本介石氏の祈祷を以て閉会せり

会員血城女史が東京へ帰るので、その送別会と斎藤の歓迎会を二十一年一月二十八日に開いた。家族的な教会活動をしていたことを示している。倉長と松村がその中心となっていた。しかし、松村は山形英学校を半年ほどで辞任し、内村鑑三の勤務していた北越学館に転じ、二十二年三月には教頭となったが、九月に同館を辞任した。

三月三日　午後三時　洗礼志願者の為め集会す、モール・斎藤・管田其他の兄姉、斎藤氏の祈祷を以て開会す、志願者は三浦帯彦妻千代の両氏、東場次郎、新宮巍然の両氏なり、是山形一致講義所信徒の濫觴なりき

山形教会ではじめての洗礼志願者が四人あり、斎藤はまだ洗礼する資格がないので、ムーアが授洗したのであろう。

三月十一日　山形県立病院済生館にて峯田峯蔵氏モール氏受洗す、斎藤氏の勧めあり、引続きて晩餐の礼を執行す、氏は神の御恩恵により病癒へて数日の後帰村す

病院でさらに受洗者があり、誕生したばかりの山形教会が会員を次第に増加させている様子がわかる。

同時に、日本人による洗礼ができず、外国人宣教師に依拠しなければならない教会運営の難しさも示している。

斎藤壬生雄が山形教会にいたときに、民権結社明巳会を組織し、大同団結運動の群馬県内の指導者となり、県会議員・衆議院議員に当選して群馬県政をリードした高津仲次郎が訪問し、斎藤が運動の進め方について高津に助言を与えた。高津は日記に斎藤と面会したことを次のとおり記録している。

五月三日朝、七日町基督教講義所に斎藤壬生雄氏を訪う、信徒わずかに七八人なれども、漸次増加の望みありという、県知事はまず民望ある方なり、警察もいたって寛なり、県下に山形義会・羽陽同盟会の二会あり、山形義会の首領鳥海時雨郎にして、重野謙次郎これを助く、羽陽同盟会首領は佐藤軍次にして駒林これを助く、山形新報は山形義会の機関となり、出羽新聞は羽陽同盟会の機関となる、二会とも民権主義なれども、人に党するに過ぎず
旧藩の時間口税を課せしゆえ、商家の間口狭くして奥行長し、人気は温和にして少しく緩慢に流る、金銭濫費の弊少し
常置委員会は一〇日より二〇日なり、諮問案は印刷して報告す
監獄は八十間四方にして、一丈二尺の煉瓦塀を以て囲い、総囚員六七〇人、内役裁縫・靴・機織・土木・煉瓦製造等なり、菜代は一日一銭五厘、日曜ごとに牛肉、土曜ごとに魚類を与う県会役員撰挙のときは前日庁下に集り候補者を選定す、ゆえに本選挙において投票の分離する弊なし、議員総数四

七人、羽陽・山形二二人づつ、中立三人なり
山形義会一九年九月組織、代言人県会議員等多し、会員凡四百人、羽陽同盟会は豪農商多し、会員凡四百人、山形義会は保安条例の発布のために解散せり、其後に至り大早計なりしを悔ゆるもののごとし
同日　石塚三五郎・重野謙次郎・鳥海時雨郎を訪う
山形英学校は知事属官及有志者の拠金より成立つ、その教授上の事はすべて耶蘇教師に托す

斎藤はキリスト者となっても欠かさず新聞を読み、社会情勢には常に関心をもっていたというが、民権派の群馬県会議員であった高津に山形県内の民権派の動向を斎藤が的確に教示した。民権団体として山形義会・羽陽同盟会があり、その性格と活動、機関新聞について、また県会の動向、山形地方の風土と人情、さらに高津も入監した経験があり関心の高い監獄での食事についてまで斎藤は知識があった。

高津はその後、山形義会の指導者であった鳥海時雨郎らを訪問し、山形英学校がキリスト教徒に教育を任せていることを聴取した。高津も前橋英学校の設立と運営にあたっていたので、関心が高かったのである。

翌年一月十四日に斎藤壬生雄は高津からの書簡に次のとおり返信した。

新年早々御書下されありがたく感謝します。貴方もますます健康で何よりです。小弟一同無事に年を加えました。

さて、御地の世事上の近況をお知らせいただきよくわかりました。定めて本年は市制町村制施行、憲法発布などで、民間の準備に大変なことでしょう。政治上の主義目的を確定し、真正の政党を組織する時期であるので、さまざまな党派が生じ激烈な競争をする場合もあることでしょう。御地の景況は御書の報道で分裂したことを知りましたが、小弟はいずれこうになることを予想していましたので、あやしむに足らないことと思います。新井毫からの書簡で、同氏の考えと御地の概況を知りましたが、御書でますます明らかになりました。

当山形県では政治上では二派に分離し、一は貴兄の面会した佐藤らの組で新出羽新聞により、一は重野らの組で山形新報によっている。此の二派は大同団結派ではあるが非常に競争をしている。二派とも貴兄来形の頃とは相違し、熱心に尽力している。学術演説会などを開催して種々運動をしている。しかし、小弟はもっぱら宗教上に関して活動しているので、世外の者のように思われていて顧みられることはありません。彼らの弛慢なることには驚かされます。

小弟に向かい、キリスト教は虚弱のように申して政治上に運動することを勧め、鼓舞する者もありますが、小弟は笑って答えるだけです。私も霊魂がある日本人民である。従来よりは多少理屈とか論理とか文章ということも聞知しているので無神経ではいられないが、御一笑ください。

関農夫雄氏も茨城県へ来るかの由を青柳新米の通信で知りましたが、面会の節にはよろしくお伝えください。

当地の教会も進歩の姿です。伝道上のことも政治上の進歩と大関係があるので、日夜その進路を考えています。

不破妻君御病死の通知を得ましたが、遺憾このうえありません。もし面会の節はよろしく伝言をしてください。

夜中ゆえ乱筆御容赦を乞う。

一月十四日　　斎藤壬生雄

高津仲次郎様

山形教会に牧師として赴任しても、自由党幹部であった斎藤壬生雄の経歴は知られており、世の中を改良するにはキリスト教では虚弱だからと、政治上に活躍することを勧めるものがあり、一笑に付してはいる。しかし、斎藤にも霊魂があり、無神経でいられないと、まだ政治的に活躍したい意欲を抹消しきれないことを自嘲している。政治の世界を見限ったはずだが、大同団結運動が盛り上がりを見せ、国会開設運動をともに推進した関農夫雄や後輩の高津が活躍することや、山形県内の緩慢な運動の様子を見て、かつての自由党幹部が内心では動揺したようである。

五月五日　午後第三時より当講義所に集会す、志願者は菅野周吉氏、斎藤氏の祈祷を以て開会、同氏の信仰を試験しモール氏はこれを可とす、諸兄姉これを賛成す

引き続いて受洗者があったが、すべてムーアが授洗した。斎藤は神学校を退校し、教師資格はまだなか

ったのである。

六月二日　同日午後よりわが神の恵の優渥にして吾等に数多の兄姉を与えらるるを謝せしがため臨時祈祷会を開たり

同日　午後三時より洗礼志願者のために集会をなせしが、モール其他の兄姉集会、試験者は有村実礼、青木テイ、三浦鉄三、栗原亦五郎、川田広治、松野尾之明の六氏なりき、斎藤氏の祈祷を以て開会、同四時閉会す

六月三日　右の六氏はモール教師より受洗す、例によりて晩餐の礼典を挙行せらる

多数の受洗者があったことを感謝して祈祷会を開き、斎藤が祈祷した。さらに六人の志願者があり、教会活動を活発に展開した。翌日、この六人はムーアから受洗した。

六月十三日　今回倉長兄姉の鶴ケ岡町へ伝道のため出発せらるるにつき、氏を送らるるため三浦兄の家に会す、兄弟姉妹三十余人信徒惣代三浦虎彦氏は立ちて送別の辞を述べ、倉長氏の答辞ならびに斎藤氏の勧めにより午後第四時開会、同六時一同送致せり

斎藤を山形教会に招聘した倉長が、五月に創立された鶴岡町の荘内教会牧師として赴任するので、その送別会を開いた。

荘内教会の倉長を応援するために、斎藤は二十一年七月に押川方義とともに鶴岡町へ伝道を行い、十二月に次のとおり「鶴岡伝道報告」を宮城中会にした（東北学院大学所蔵「宮城中会記録」）。

余は本年押川氏とともに鶴岡を巡回し、七月よりここに伝道せり、以来今日に至りて信徒六名を得たり

この地は守旧党の団結とも称すべく着実を旨とするをもって、一時に信徒の起ることはなかるべきも、徐々に必ず結果のよきものあるべし

人民は一般の儒教主義なる「クリスチャンチョルチ〔チャーチ〕」の伝道と同時に伝道を始められたり、天主教は三年以来伝道し数名の信徒あり

鶴岡は保守的な土地柄であるが六人の信者を得、ハリストス教会は三年前から伝道しているが、一致教会の前途も明るいと報告した。

六月十六日に山形七日町の旭座で山形キリスト教徒青年会を開き、斎藤が演説をした。

六月三十日　当七日町講義所へ午後第三時洗礼志願者試験のためモール教師その他の兄姉来集、斎藤壬生雄氏の祈祷を以て開会、甘海小太郎氏の試験は終り同四時退散せり

七月一日　午前第九時の礼拝の後甘海小太郎氏へモール教師より受洗、入会せり、他例の通り晩餐の式を執行す

同午後二時より管田兄の宮城県仙台へ帰らるるにつき、兄姉来集、祈祷会を開き斎藤氏の司会にて送別の辞あり、又管田氏の有益なる答辞あり、一同主の恩に感したり

七月九日　七日町講義所を新会堂に移す、新会堂工事いまだ全く落成せずといえども、斎藤君香澄町

に移らるるによりあわせてこれを移すなり、本年一月はじめて講義所を開きてよりここに至て六ケ月半

山形教会創立後半年で教会堂を新築し、工事半ばであるが、七日町から香澄町に移転した。二月に赴任した斎藤の尽力が大きかった。

七月二十二日　新会堂落成す、五月五日会堂の新築を議決し、ついで工事を起してより、ここにいたりて日を重たる七十有余にして工事竣を告く、堂は横五間縦八間、西洋造平屋にして二百三十人をいれるに足る、結構壮麗

この会堂献に対して斎藤壬生雄氏令夫人は化飾其他婦人用諸道具ならびに一切を売払い、其費用を献金せりと、奇篤のいたりに堪えず

間口五間、奥行八間で二三〇人を収容できる洋風教会がわずか三ヵ月足らずで落成した。斎藤夫人はその経費にと化粧道具などを売り払って献金したことが、信者を感激させた。

七月二十八日　午後三時三十分献堂式を執行す、正門に緑門を設け、日米両国旗を交叉し堂内は即ち緑葉をもって飾り、また種々の挿花あり、美観を極む、定刻にいたり斎藤氏の祈祷をもって会を開き、次に押川教師の説教、モール教師の式文朗読ならびに祈祷あり、終わりて来賓に氷菓子を供し五時過ぎ退散したり、この日来賓には山形、天童美以、上の山一致各教会信徒、県会議員、新聞社員無慮百五十人、すこぶる盛会なりき

盛大な献堂式を七月二十八日に挙行した。杉葉などで正門に緑門をつくり日米国旗を掲げ、室内も花で飾りつけた。押川方義が仙台から駆けつけ、山形教会、天童美以教会、上山一致教会の信者、県会議員、新聞記者などの来賓一五〇余人とともに祝った。斎藤の祈祷、ムーアの式辞などで会を進行し、閉会後氷菓子を振る舞った。

『基督教新聞』は「東京より斎藤壬生雄氏を聘して、専ら当地方の伝道を托してよりわずか数月に過ぎざれども、講義所を落成し、二十八日に献堂式を挙げた」と報道した。

九月一日　受洗志願者（宮地岩吉、平賀義俊、桜庭イク三氏）のため試験を行う、この日相会する者教師モール氏、伝道師斎藤氏、その他諸兄姉等なりき、右終て後栗原、新宮、三浦（銕）三氏のため送別を兼て親睦会を開く、真山、斎藤二氏の勧め、新宮氏の答辞あり、式終て茶菓を喫し五時過て一同退散せり

押川教師、吉田伝道師、金成兵助の三氏仙台より来る、金成氏は仙台教会員なりしが、今回山形英学校教員として赴任せられたるをもって以後当教会に加わる

十月六日　午後第三時より受洗志願者のため試験会を開く、当日主会者は斎藤伝道士にして三浦執事以下諸兄姉相会す、志願者姓名左の如し

石山喜一郎、佐々木辰、伊藤良作、中村富太郎、城生昌太郎、同ゑい、同安治

十一月二十二日　組合一致両教会合併のため本月二十三日より各大会を大阪に開くにより、合併成就

のため連夜祈祷会を開く

十二月六日　血城姉のため中俣氏の楼上に送別会を開く、会する者二十四名、席上金成、斎藤、真山三兄の送別詞あり、各自歓を尽して退散せしは午後十時過なりき

十二月八日　斎藤伝道士仙台中会に赴く

山形教会で志願者を試験し、ムーアが洗礼することを中心に教会活動を続けた。一致教会と組合教会の合同問題については関心が高く、連夜の祈祷会を開いた。

十二月八日に斎藤は宮城中会に出席のため仙台に行き、十三日に日本基督一致教会宮城中会議長押川方義、同書記北山初太郎から聖役試補の資格を得た。試験の結果、品行方正にして神の道に鍛練し、聖書と神学に達していることを著したので、教会の聖餐に陪する資格を与える。また、試補志願者の問答に合格したので、聖役試補としてキリストの福音を伝えることを准允するという内容であった（斎藤光家文書、群馬県立文書館収蔵）。

明治二十二年（一八八九）の山形教会

一月九日　耶蘇降誕祭を執行す、降誕祭は十二月二十五日をもって執行するを普通に例といえども、本教会においては都合により本日に延期せり

当日、堂の内部はことごとく緑葉をもって飾り、正面壁には「天井には栄光神にあれ、地に平安、

人には恩恵あれ」の二一字を金字にて顕し、その西方壁上には「MERRY CHRISTMAS」の銀字輝けり、クリスマス木は壇の東方に指定して数多の贈物は枝も折れるばかりに下りたり、顧みれば日米両国旗は高く反対の壁上に交叉せられたり、その装飾の美麗なるは拝堂式の時に勝りて最と見事なりき

この日招待券を発せしは百二十人なりしが、招待券を持たずして入場したる者もすこぶる多くその数無慮二百余人にて、堂内立錐の地をあまさず

さて定めの時刻にいたりければオルガンの音につれて讃美の歌を奏し、次て斎藤師の祈祷にて式を始め、日曜学校生徒の讃美、問答、英語讃美、青年諸氏の演舌等あり、終りて来賓に菓子を送り小児に贈物を与い多歓に満ちて散会したるは九時頃なりき、なお当日の盛況は閑を得次第さらに記して後に伝うべく、今仮にその一斑を記憶迄に書き綴りたるのみ

クリスマスを一月九日に開いた。十二月二十五日にすべきところを都合により日程を変更したのである。以後もなぜか山形教会では毎年一月に開いている。教会内部をスギであろうか、常緑樹の葉で飾り、メリークリスマスなどの文字を金銀の文字で書し、日米の国旗を飾りつけ、クリスマスツリーに多数のプレゼントを吊した。

二〇〇余人が出席し、オルガンの伴奏で賛美歌を歌い、斎藤の祈祷、日曜学校生徒の英語の賛美歌、青年の演説等があり、式が終わると大人には菓子、子どもたちにプレゼントを与え、山形教会はじめてのク

リスマスは盛大のうちに終了した。

日本人によるはじめてのクリスマスは明治八年頃、銀座の原胤昭経営の女学校で行われた。旧幕府の与力の子どもであった原は明治七年に東京第一長老教会で受洗し、その感謝のしるしにクリスマスをしたという。その席に都築馨六らが協力し、中村正直、岸田吟行、津田仙、フルベッキ、タムソンらが参加したという。

アメリカ公使館の指導を受けてクリスマスツリーも飾り、殿様姿のサンタクロースも出た。その一四年後に山形で盛大に祝われたのである。

幕末に攘夷を主張する志士であった斎藤が日米の国旗を前に、聖書を片手にキリスト教の祈祷を行い、オルガンの伴奏で英語の賛美歌を聴き感激したことは、激変する社会を象徴しているようである。

二十二年十月十六日に斎藤は新島襄へ書簡を出した。

秋冷の候、先生のご病気はいかがでしょうか。小弟も一昨年より山形へ伝道に参っております。この頃、友人重野謙次郎の一男一女を勉学のために上京させましたが、東都では精神的教育に不十分であると感じますので、先生に面会のうえ右二子を依頼し、同志社へ入学させたいとのことで、小弟に添書を求められました。

重野氏は山形県会議員・山形市会議長です。目下もっぱら国事上と多少の実業上に奔走している人物です。右二子のためにご深切なご教示をお願いいたします。早々不具

二十二年十月十六日

斎藤壬生雄

新島先生

高津に山形地方の政情を説明した折に、山形義会の中心人物と紹介した重野謙次郎から、子どもを同志社へ入学させたいので新島襄に紹介することを依頼され、斎藤壬生雄が新島に紹介状を書いたものである。県会議員・市会議長の山形地方の政治的名望家から子どもの教育について相談を受けるほど、個人的な交際をしていることがわかり、斎藤は地元の有力者と接触し、その協力を得ながら教会運営をしたことを示している。

同時にこの書簡により斎藤と新島との交際が、友人の子どもの入学を依頼するほど親密であったこともわかる。一致教会と組合教会とに分かれてはいたが、同じ群馬県人というだけでなく弟の青柳新米を通しても、さらに新島がわが国のキリスト教界の中心人物のひとりであったことから面識はあり、交流はあったのである。しかし、山形教会赴任をはじめて知らせており、かなり以前に逢っただけで明治二十年代になっての接触はまれであったようである。

一月三十日　この夜、祈祷例会の後、屋代姉のため送別会を開く、斎藤、真山二氏の送辞、三浦姉の祈祷あり、終りて茶菓を喫して去る

二月二日　午後三時より増田、竹内、剣持、菅井四氏洗礼試験会を開く、モール氏、斎藤氏、その他

二三の会員列席せり、四時過ぎ解散せり

二月十一日　欽定憲法発布大典を挙行せらると聞き、会員一同午前第七時より参り感謝会を開く

明治憲法発布を記念して、厳寒期のまだ夜も明けきらない午前七持から山形教会で感謝会を開いた。民権家として憲法制定、国会開設を要求していた斎藤は、キリスト者として憲法の発布を感謝したのである。

二月二十二日　斎藤師平塩村に赴く、元教会員杉沼為三郎氏神系病に罹りたるの報に接しこれを見舞わんためなりし

信者の病気を牧師が出かけて行って見舞う、親身な家族主義的な教会経営が斎藤の信条であった。

四月十三日　教師モール、伝道士斎藤氏を始めその他会員相会し、受洗志願者渡辺氏のため試験会を開き、午後四時斎藤氏主会にて開会、同五時試験をおわりて散会す

四月二十四日　会堂に送別会を開きたり

該会は相良兄姉を始め佐々木、石山の両名には仙台へ、石原氏には故郷米沢へ、渡辺氏には東京へ各不日当地を去られんとするをもって開らきたる所以なり

この日参会せる三〇有余名、開会時刻は午後四時三十分にして第一斎藤牧師の祈祷、次に同牧師聖書朗読、次に三浦氏は送別員を代表して送別の詞を述べ、次に緒方、真山両氏の勧説、次にモール教師の英語惜別の感説ならびに斎藤牧師の簡単なる惜別の感説、次に真山氏の終りの祈祷後、各茶菓を喫し散会せしは午後六時なり

五月八日より同月十七日まで　連夜の祈祷会を開く
本会を開きたる所以は、要するに信徒の中信仰の鈍りたる者のため信仰の輓回を祈り、および教会のますます振わんこと等を祈るの趣旨に出たるものなり、本会司会者は斎藤牧師なり、但し十六日夜一回は真山兄司会を勤めたり。

一〇日間にわたって連日祈祷会を開いて、信者の信仰心の振起をはかった。

五月二十五日　聖書の友大会を会堂に開く
司会者斎藤牧師の祈祷、次に真山氏が聖書の友の聖書研究の法方につきての勧話、次にミスターモールの英語演説、緒方氏の通弁にて盛会なりき、開会は午後八時、閉会は同九時三十分頃なりき、この夜該会に集る会友四十余名、会友にあらざる者百七名なり、同夜午後九時三十分頃より該会友にて祈祷会を開く、司会者真山氏、会友交る交る祈祷を捧げ一同讃美に歌い同十時十分散会せり

山形教会を振興するために「聖書友の会」を組織し、信者四〇人に対して、まだ信者にはならないがキリスト教に関心のある者が一〇七人も出席した。クリスマス会や聖書友の会などで、キリスト教に関心のある者を掘り起こす斎藤の手腕が遺憾なく発揮されている。

六月十九日　水曜日　祈祷会あり、続て執事の投票あり、当撰者は真山良、田中配雄の二氏なり
六月二十日　午後五時、三浦氏宅にて集会、集会者は斎藤、真山、三浦、田中の四氏なり、相談の主旨は

一毎月最終の土曜日小会を開くこと、但其時間は午後四時より、その時洗礼志願者に対し試験を執行する事

一毎月第四の日曜日に献金を集収する事

右取り極め

発足後半年経ち家族主義的に行ってきた教会運営を、斎藤は規則に従って行い、信者が自主的に運営できる体制をつくることをはかった。信者のなかから執事を選出し、伝道士の斎藤と執事、および信仰が篤い信者を選び、教会運営の中核にしようとした。簡単な規則を定め、志望者がいるたびに試験を行っていたのを、毎週土曜日と定期的に行うことに改め、また、第四日曜日と月に一度ずつ献金を集金することにした。

六月二十八日　金曜日　晴天　本日一致教会一週年祭執行せり、午後三時照井泰四郎方においてモール氏夫妻はじめ斎藤師その他各信徒、未信者とも男女二十六人、ほか子供七人、右大判の真影写取れり

山形一致教会新築・移転一周年を記念して、宣教師、牧師、信者などで記念写真を撮影した。

七月十一日　斎藤師痔疾患にて本日より病院済生病院入院、切断の施術を受られたり

七月十四日　斎藤師病気中に付モール師司会せり

七月十八日　水曜日　一昨日より斎藤師疾病危篤につき真山氏一まづ帰形せり、しかるにおいおい快

方に向かう趣たるをもって再び仙台に向け出発す
一水曜日例会、斎藤師病気のため会するものなし
八月一日
一本日斎藤師退院せり
八月三日
一斎藤師病気中本川本日来形せり
福島事件後の十五年に入院して治療した痔疾が悪化し、二十二年七月十一日に山形済生会病院に入院し、切開手術を受けた。しかし、手術後の経過が悪く、十六日に危篤になるほど悪化したがもち直し、二〇日間入院して、八月一日に退院した。斎藤入院中、教会活動はムーアが行ったが、ムーアが来られなかった十八日の例会には、斎藤がいないので信者は誰も出席しなかった。斎藤のめざした教会の自主的運営はまったく行われていないことを露呈した。
九月二十二日
一伝道のため斎藤氏上の山教会へ出向せり
九月には上山教会へ出かけられるほど、健康が回復した。
九月二十九日
一午前九時より斎藤氏説教す

九月三十日
一真山氏より午前七時に帰る
一斎藤氏宮城定期中会へ臨席のため午前五時発す
左の件々は八月および九月中報告したるものなり
八月十一日
一明治学院神学校舎新築の件につき金員募集の報告す
斎藤の母校でもある明治学院の校舎新築のための寄付金募集が山形教会へもあった。
同　十八日
一宮城中会費用左の通
二十二年五月中会費
一記録代一人分　五厘八毛の割
一中会諸費　　壱厘五毛の割
合計一人につき七厘三毛と同当時会員三十一名分二十二銭六厘三毛を逓送する義を報告す
一押川牧師外国に於て無事なることを報す
この前後は日付が混乱しているが、宮城中会への報告したことを斎藤が中会出席後にまとめて教会日誌に記載したのであろう。

宮城中会の分担金を信者数に応じて負担し、山形教会の信者三一人分は一ヵ月二二銭余であった。
また、渡米した押川方義の書状が届いたのであろう、無事を知らせて来た。
九月十五日
一真山氏上の山講義所に本日出張、以来斎藤氏と交番に説教する件
十月一日
一四日はがきにて斎藤壬生雄氏仙台北一番町十七番地大崎市三郎方、即三浦宗三郎氏と同寓する
云々報告仙台より来る
六月に執事に選出された真山良が斎藤と交代に上の山講義所の伝道を行い、斎藤が留守の間は山形教会の運営を行った。
前日に宮城中会に出席するために出発した斎藤から、山形教会にいた三浦宗三郎と同宿したことを知らせてきた。
十月六日
一午前真山氏説教す
一午後荒井氏説教す
一斎藤氏今般宮城中会に出会、同時に牧師の試験に及第し正当なる儀式を内外教師より受けたり
一去る祈祷会の司会は真山氏なり

斎藤は宮城中会に出席するとともに、受洗志望者の多い山形教会で、授洗を外国人宣教師に依存しているのでは、教会運営に不都合であり、ムーアが同年夏に仙台の東北学院に転出したために、斎藤が教師資格を取得することが不可欠と痛感し、その試験を受け、十月三日に合格した。九月三十日から十月八日ころまで斎藤は仙台にいて教会を留守にし、その間は執事真山ら中心的な信者が交代で自主的な運営ができるようになった。

十月九日　祈祷会
一司会斎藤牧師は仙台教会の有様を述べ、もって本会員に対し当時もっぱら活眼を開き、社会のために キリストの伝道を拡張せんことを勧告せり

仙台での宮城中会の活発な教会活動の報告を聞いて刺激を受けてきた斎藤が、社会のためにキリスト教の伝道拡張を信者に訴えた。

明治二十三年（一八九〇）以後の山形教会

一月四日　同日午後三時より東海林千三郎外一名の受洗志願者を試験し、その可なるを認定す
同日午後第六時よりクリスマス祝会を当会堂に執行す、来会者七十有余名、当日の主会者は三浦厖彦氏にして
第一　第六十四賛美　一同

第二　馬太伝第一章十八節より二章終り迄朗読　新井兄
第三　祈祷　斎藤牧師
　この間竹内、新井兄の祝辞演舌あり
第三　安息学校生徒
第四　剣持、維方両兄の演舌
第五　贈物
　前記の順序にて一同主の恩恵に充されて解散したるときは午後九時なりき
明治二十三年もクリスマスは一月に挙行した。信者を中心として七〇余人が出席して、賛美歌、聖書朗読、演説、プレゼント交換を行った。次第に国家主義的風潮が高まったためか、前年より出席者数は減少した。
一月四日　午前第十時東海林千三郎他一名に斎藤牧師により洗礼を施す
一月四日に試験をした二人に対して、はじめて斎藤が授洗した。
二月十一日　同日午前第七時紀元節、憲法発布式を追憶し教会に会集し、新井氏の司会にて感謝会を開き、同八時閉会す
同日　午後第七時より七日町旭座に当メソヂスト両教会合併大演舌会を執行し、来会者数百名、一同主の御恩寵を蒙り同十時閉会す

演説者　岡　駒吉　　渡辺七郎　　山内庫之助　　斎藤壬生雄
維方正脩君之司会にて安息学校生徒の賛美、英語賛美等ありて聴衆一同に満足を与えたり。
二月十一日、明治憲法発布一周年を記念して山形メソジスト教会と合同で、旭座で数百人の聴衆を前にキリスト教演説会を開き、民権運動以来久しぶりに斎藤も一場の演説をした。
二月二十八日　午後第三時会堂に於て洗礼志願者藤田兵之助氏外一名を試む、斎藤牧師の祈祷を以て開会、会吏三浦ﾖ彦氏先に着し、同四時過き祈祷をもって閉会す
三月三十一日　斎藤牧師宮城中会へ出席す
斎藤は仙台で開かれた宮城中会に出席し、四月七日に帰った。
四月七日　宮城県仙台より帰形す
四月二十五日　山形一致教会堂において廃娼演舌会を開き、主会者山内庫之助、賛美祈祷之後、日柴、木山、鹿美山、山内等の諸氏登壇したる、酔漢の妨害等あり
さらに基督教演舌会を開きクリブラント氏の道徳論をもって閉会せり、一同謹聴せり
廃娼演説会を教会で開催し、キリスト教徒以外の演説もあり、斎藤が主導権をとって主催したのであろう。よっぱらいの妨害があった。民権家斎藤の顔とキリスト者斎藤との顔が一致した瞬間であった。その後、キリスト教演説会を開き、宣教師クリブラントが「道徳論」を演説した。
四月二十六日　千歳園亀松閣に山形県信徒親睦会を開き、午前第十時開会、斎藤壬生雄の主会にて山

鹿氏の祈祷、それより議事を開き山形、鶴岡、米岡に廃娼事務所を置き三名づつの委員を選定し、なお各地に部会を設置する事を議決す、当教会よりの委員は三浦靑彦氏、日柴昇太郎の両人を議場において指名せり

山形県基督信徒親睦会を明治二十四年の四月、米沢に開会する。時日は開催地委員より報道すること、隣県へ開会前報知し来会を招介すること

正午休息の後ソラパル氏の祈祷をもって開会、美山氏の感話の後遊歩自由にして縄切其他の遊戯をなし、退散したるは午後三時なりき

この日会する者一百有余名、一同神恩に浴して一層の精神を鼓舞せり

憲法が発布され、国粋主義的風潮が高まり、キリスト教が退潮しはじめた二十三年に、斎藤はキリスト教勢力の拡張につとめた。山形教会だけに閉じこもるのでなく、積極的に関連する団体を組織して、社会に訴えることにより、活性化をはかる方法を採用したのであり、民権運動活動時の経験を活かしたやり方である。

キリスト者だけでなく、民権運動家や人道主義的な政治家も同調できる廃娼というテーマを取り上げ、山形美以教会と協力しながら会場として教会を提供し、社会に広く訴えた。そのための組織として廃娼事務所を山形、鶴岡、米岡のおそらく教会に設置し、いまだ弱小の山形県内のキリスト教勢力の親睦をはかるとともに、一致できる課題を取り上げて、合同して運動を進めることにしたのである。さらに山形県キ

リスト教徒親睦会を二十四年四月に米沢に開くことを決定して、その準備を進めることで「神恩に浴していっそうの精神を鼓舞せり」と、信仰心の向上と緊張感を持続させようとしたのである。

四月二十八日夜　当教会に禁酒演舌会を開き、弁士美山氏は酒の害あることを弁し同夜飲酒の害を認めて入会する者ありき

廃娼の次に斎藤が取り上げたのは禁酒運動であり、禁酒演説会を開き、それに賛同して入会した者があったと日誌には記録しているが、その後禁酒運動の記事はなく、雪深い日本酒王国の山形では根づくことは難しく、禁酒運動は失敗に終わったようである。

斎藤は八月二十日から二十二日まで上山へ布教に出かけ、山形美以教会の飯田兼蔵とともに十日町の中村屋でキリスト教演説会を開いた。いずれも午後八持から開始し、聴衆は七〇人ほどあった。

斎藤は初日に「文明開化」、二日目に「キリスト教」、最終日に「真の宝」を演説した。政府の進める近代化の方向である文明開化を前提として、精神的にキリスト教を取り入れることにより、真実の人生の喜びを享受できるという演説の構成のようである。

十一月二十一日　斎藤壬生雄氏は宮城中会ならびに東京の大会出席するがため出発せり

十二月二十一日　斎藤教師は右両会議に臨席、会議を了り午後六時頃帰形せり

斎藤は宮城中会と東京の数寄屋橋教会で開かれた第六回一致教会大会に出席するため、一ヵ月間教会を留守にした。大会には第一、第二東京中会、浪華中会、鎮西中会、宮城中会から一〇七人が出席し、宮城

中会からは斎藤以外には仙台、岩沼、紋鼈各教会の牧師とムーア、押川方義、藤生金六らが出席した。そのほかの中会からはノックス、植村正久、数寄屋橋教会の田村直臣、下谷教会の星野光多らが出席した。この大会で一致教会を日本基督教会と改称することを決定した。

二十四年〔一八九一〕一月三日　佐藤勝三郎氏の信仰を試験せんがため、午後一時より吉田亀太郎、田中龍雄、三浦庥彦の三氏、斎藤牧師の宅に集り佐藤氏の信仰確かなるを認許せり

一月四日　聖晩餐を執行す、斎藤牧師、佐藤勝三郎氏を施洗す

押川方義とともに東北地方伝道に尽力した吉田亀太郎が山形教会にも協力し、信者の信仰心確認に立ち会っている。

翌日に斎藤が授洗した。

一月五日　クリスマス祝賀を執行す

三浦庥彦氏は司会者となり、斎藤教師聖書朗読、吉田亀太郎の祈祷、飯田氏の感話、安息日学校生徒の讃美唱歌、聖書の暗誦、次に剣持氏の感話、奥山氏の祝辞、次に主の祈を唱し斎藤教師の祝祷にて式を了り、これより贈物を配付し来会者一同へ茶菓等を贈りて終りを告く、午後六時十五分より開会、同八時三十分におわる、来会者百名ばかり

山形教会ではクリスマス会は一月にすることが恒例になってしまった。来会者一〇〇余人と前年より参加者数が増え、盛大に行った。

二月四日　田中龍雄兄、同チカ姉不日香川県へ出発につき、同日午後第五時、会堂において送別会を催したり、司会者三浦帰彦は開会の趣旨ならびに送別の辞を述べ、斎藤教師の聖書朗読、祈祷、其他諸兄姉の勧話、田中兄の答辞ありて斎藤教師の祈祷にて式を終り、それより茶菓を喫し各々胸襟を開きて和気靄然の間にありて、散会したるは午後八時なりき

これ以後、明治二十八年まで記事がなくなっている。斎藤は二十四年五月に函館教会に赴任したため、山形教会の自主的運営を心がけたが、中心的存在であった斎藤がいなくなると教会活動が停滞してしまったのである。

明治二十八年（一八九五）三月十六日　新任牧師宮代多美氏仙台より来着せらる

これより先記事なし、けだし考うるに二十四年以後今日に至るまでには教師斎藤壬生雄氏転して仙台に赴かれ、後任者丹羽氏来任され、当三月十一日酒田町に赴任せらる、この間に英学校は廃され、あわせて内外の教師等もこの地を去らる、よって教会の集会も大いにその数を減じ、新に本年に至りて教会内に紛事ありしためさらに□（虫損）不断となり、ほとんど無きがごとき有様には及べり

斎藤の後任として丹羽牧師が赴任したが、山形英学校が廃止され、同校にいた外国人、日本人キリスト教徒が転出したこともあり衰頽し、さらに教会内にもめごとが起こって教会活動が停滞したのである。この後、二十八年十二月三十一日までの記事があるが省略する。

この「一致教会山形講義所記事」により、斎藤壬生雄が明治二十年十二月から二十四年五月まで三年半、山形教会でキリスト者として奮闘している様子がよくわかる。

二十年十二月に東京を出発し、ふるさとの前橋を経由して十二月二十二日に山形に赴任したこと、教会の牧師として伝道や一致教会宮城中会の一員として活躍したこと、二十一年七月に教会堂が落成し献堂式を挙行したこと、痔疾のために二〇日ほど斎藤は入院し一時危篤に陥ったこと、二十二年一月にクリスマスを開催し町民に関心をもたれ、その後毎年一月に恒例として開催したこと、同年十月六日に仙台教会で試験に合格し牧師への任職式である按手礼を受け、牧師となったこと、その後は洗礼を授け、聖餐式の執行も行ったこと、廃娼や禁酒演説会などをキリスト教諸会派を連合させて開催したことなど、斎藤の具体的な活動を伝えている。

斎藤は教会経営に民権運動時の経験を活かして手腕を発揮し、創立直後の山形教会を盛りたてるとともに、山形県内のキリスト教勢力の拡大に努力したことがわかる。

しかし、教会の自主的運営をはかるための努力をしたにもかかわらず、中心人物の斎藤壬生雄が転出した後は、山形教会は不振に陥ってしまい、斎藤の力の大きさを示すことにもなったが、二十八年に宮代多美牧師が赴任して教会活動を復活させた。

函館教会の斎藤壬生雄

「一致教会山形講義所記事」には明治二十四年五月に山形教会から仙台に転出したとあるが、それは短期間であったようで、斎藤壬生雄は同年中には函館教会の招聘に応じて牧師として赴任した。

二十四年十月十四日、函館教会信徒総代栗田寿吉・相馬理三郎が斎藤壬生雄に「招聘書」を送った（斎藤光家文書、群馬県立文書館収蔵）。それには函館教会は斎藤を喜んで牧師として招聘した。牧師在任中は「およそ人に必要なるものについて煩悶を免れしめんがために」、毎月謝金三〇円の進呈を申し出ている。

明治十五年、自由党派出委員として斎藤は小勝俊吉とともに新潟、東北地方から函館を巡回して、福島事件に連座して捕縛されたが、それから一〇年ぶりである。前回は自由党幹部として、今度は牧師として大きく立場を変えた。

函館教会牧師に二年間在職して二十六年に辞職し、東北学院に赴任した。その後、三十六年から三十八年までふたたび函館教会牧師をつとめた。

日本基督教会函館教会（函館相生教会）は、明治十六年（一八八三）十二月七日に、桜井照悳を初代牧師として創立され、十九年十二月に東北学院院長であった押川方義が応援に函館へ伝道し、三回にわたり四六人に授洗し、二十年にも三月、四月に来函し六二人に授洗した。二十二年には東北学院出身の北原義道が第四代牧師として赴任し、その後任の第五代牧師として斎藤壬生雄が押川の推挙により二十四年に赴任したのである。

函館には明治元年からニコライ伝道によりハリストス正教会があり、メソジスト系の函館教会も明治七年から布教をはじめ、十年に教会を設立し、聖公会も明治七年から伝道をはじめ十一年に聖ヨハネ教会を設立していた。

赴任した年に創立当時の平屋造りの和風建物であった会堂を煉瓦造りに改築し、初代牧師の桜井照悳を新潟から招いて献堂式を挙行した。なお、この会堂は四十年八月二十五日の函館大火により焼失し、再建した会堂も大正十年（一九二一）四月十四日、昭和九年（一九三四）の函館大火により焼失し、現在の建物は昭和九年十一月十八日に再建したものである。そのため、残念ながら斎藤に関する記録はない。

函館教会は後に函館相生教会と改称し、教会の建物は現在は元町港ケ丘教会と改称して結婚式場となり、洋風レストランの五島軒の相向かいにあり、近くにハリストス正教会・元町教会などがある観光名所の一画をなしている。函館相生教会自体は五稜郭に近い函館市本町に新築して移転した。

明治二十四年の斎藤壬生雄の第五代牧師函館教会赴任について函館相生教会『創立七十年史』には次のとおり記載してある。

明治二十四年　斎藤壬生雄氏牧師として赴任。氏は元自由党幹事、政界の大立物であったが感ずる所あって伝道界に入った人。既に相当の年輩であり……創立当時の会堂は「純日本式平屋建」であったというが遺憾ながら今日その写真が残っていない。

斎藤は自由民権運動に活躍したが「感ずる所あって」キリスト者になったことが知られており、年齢は四十歳であったが「既に相当な年輩であり」と、長老の風格があったことを推測させる。赴任当時に教会は「純日本式平屋建」であったことを記録している。

川合信水が斎藤死後、追悼の辞で次のようにのべた。

当時の函館教会は中々統一に困難な状態でありました、押川先生は特に故人を推挙して、これに赴かしめましたのであります。この難治の教会を牧し、これを統一せしのみならず、これを盛大ならしめました。

短期間に一〇〇人以上の信者を獲得し、急激に拡大したために運営が困難な状態であった函館教会へ、押川が斎藤を派遣したのである。創立したばかりの山形教会から、すでに創立以来八年を経過したが、運営の困難な函館教会へと、斎藤は宗教活動が活発でないか、困難な教会を押川方義の推挙により歴任することになったのである。

函館教会の会員は二十年に一〇〇人以上もあり、斎藤が二度目に在任した当時の三十五年にはそれよりも減少したが、男性五

函館相生教会（現在は元町港ヶ丘教会）

七人、女性四一人、合計九八人であり、信者が三一人の山形教会と比較するとはるかに大きな教会であった。

斎藤が函館教会で授洗した信者は二十四年に七人、二十五年に一〇人、二十六年に五人であった。この時期の斎藤壬生雄についての吉田茂人の「回顧四十二年」という証言が同教会『創立五十年略史』に収録されている。吉田は二十四年から二十六年まで函館病院に勤務した医師で、執筆した昭和七年には小樽教会の長老であった。

顧みれば四十二年前、六月下旬公立函館病院に迎えられ、家族三名埠頭に上陸し、間もなく貴教会に入籍在住三年有余。……

当時の牧師は自由党の志士、板垣退助、坂本直寛、片岡健吉諸氏と国事に奔走された斎藤壬生雄師で、寛裕の人格と謹厳な信仰の持ち主でよく全体の統禦を保ち、慈父の尊敬を享有せられしを今さらに新しく感ずる。会堂の後に留守居があって、牧師は曙町のお宅より通いでありました。翌年牧師の奥様が重き腸チフスにかかられ、主任医として毎日朝な夕な往診したが、堅実徳行の奥様で、牧会の内助者としてつとに姉妹方より畏敬された。

教会の集合は朝の礼拝に七八十名内外、祈祷は淋しかった。牧師は常に実際的信仰の教育を主眼として着実な説教を勤められた。かつ信者の内情に通じ、常に家庭の相談事に応じられた趣であった。

……

函館教会時代にも斎藤は自由民権運動に活躍したことは知られていたが、「寛裕の人格と謹厳な信仰」により「実際的信仰の教育を主眼として着実な説教を勤め」、また「信者の内情に通じ、常に家庭の相談事に応じ」て「よく全体の統禦を保ち」キリスト者として尊敬されていたこと、妻は「堅実徳行」な「牧会の内助者」であったが、腸チフスにかかり重体となったこと、礼拝に参加する信者は七、八〇人であったことなどがわかり、山形教会よりも大きな組織であったが、斎藤は山形教会と同様に家族主義的な教会運営を志し、信者一人ひとりの生活を把握し、その悩みを聞き出しながら信仰を堅固にすることに努めた。

函館教会赴任半年後の二十四年十一月、東京の数寄屋橋教会で開かれた日本基督教会大会に斎藤は出席した。宮城中会からは仙台、函館、岩沼、石巻、古川、紋鼈各教会から四人の正議員と一人の員外議員を選出し、正議員に教師として押川方義と斎藤壬生雄、長老として橋本経光、相馬理三郎、員外議員として宣教師ホーイが出席し、斎藤壬生雄は押川と並んで宮城中会の正議員に選出され、重要な地位を占めていたことがわかる。そのほか、第一東京中会からは井深梶之助、山本秀煌、田村直臣、バラら、第二東京中会からは植村正久、星野光多、ノックスらが出席した。

二十六年春に斎藤は函館教会牧師を退職して東北学院に転じ、その後任の第六代牧師として栗原宗治が就任した。

東北学院に赴任することを聞いた函館教会員は、斎藤に永く函館教会に在牧することを再三懇願したが、五月五日に教会員総会を開いて、私情から出た浅薄な見解と反省し、東北学院赴任賛成を決議し、九日に送別の宴を開き、教会員総代として長老相馬理三郎、執事矢野鏡太郎らが、「送牧師斎藤壬生雄君辞」（斎藤光家文書、群馬県立文書館収蔵）を贈った。その送別の辞には、

斎藤牧師は教会運営に熱心に尽力され、会員に心霊上の幸福、天佑の平和を感じさせた。赴任当時会堂の建築も半ばであり、錯綜していた諸事を整理し、薄弱な信仰を興記して在天聖父に近接しキリストの恩恵に浴することに努めた結果、二〇余人に洗礼を授け、さらに求道者を出していることに感謝している。

とあり、斎藤が教会員の信頼を得ており、慕われていたことがうかがえる。

辞任直後の二十六年八月二十五日から二十九日まで函館教会で開かれた、宮城中会の臨時第二回会議に、斎藤は東北学院所属として出席し、議長に選出された。

東北学院の斎藤壬生雄

明治十九年に押川方義がアメリカ・ドイツ改革派教会宣教師のホーイの協力を得て仙台神学校を設立し、二十四年九月に認可され東北学院と改称した。改組に伴い、教員は二人から九人に、生徒は六人から六八人と規模が急激に拡大し、学制も整えた。明治十一年に日本伝道をはじめたアメリカ・ドイツ改革派教会は、本拠を仙台に移し、押川に協力し、東北学院と同じ十九年に宮城女学校を設立した。

創立者の押川方義は嘉永二年（一八四九）、愛媛県松山市に生まれた。嘉永五年生まれの斎藤より三歳

年長である。明治四年（一八七一）、松山藩から派遣されて東京の開成校に学び、廃藩置県になったため、五年に横浜の修文館に入学し、さらにブラウン塾に入り、植村正久、井深梶之助らと学んだ横浜バンドの有力メンバーであり、明治七年にブラウンから受洗した。

明治八年には新潟への伝道を行い、北越学館を設立した。

無教派主義を唱え、プロテスタントの基督公会、長老教会、組合教会の合同を主張したが、組合教会は離脱して、基督公会、長老教会とが合同して日本一致教会を設立した中心人物のひとりであった。その教育機関であった東京一致神学校で教えたこともあり、斎藤とはそれ以来の交流があったのであろう。十三年に伝道のために新潟から仙台に移り、仙台、岩沼、石巻、古川各教会を設立した。

二十一年に渡米し、日清戦争後キリスト教のアジア進出をはかり、二十八年に朝鮮伝道を計画し、海外教育会を発起し、京城学堂を創立し、三十四年に東北学院を辞職した。

仙台時代の斎藤壬生雄
（斎藤光家文書より、群馬県立文書館収蔵、以下同じ）

三十二年八月に東北学院が提出した私立学校令による届書には、東北学院長押川方義代理として幹事斎藤壬生雄が署名した。三十四年七月九日に東北学院所有地を移転したが、在日宣教師団会計橋本経光とともに東北学院幹事斎藤壬生雄がその名義人となっており、斎藤は東北学院の経営の中枢にいたことを示している。

斎藤壬生雄が中村教会にいた時分の、大正五年四月一日に発行された『東北学院時報』（第四号）に掲載された、斎藤壬生雄へのインタビュー記事「斎藤老教師を訪ふ」に、東北学院時代の活動を斎藤が語っている。それによれば、明治二十六年に押川方義の招聘により斎藤は東北学院に赴任したが、押川の「自由解放主義」の教育方針により生徒を拘束することがなかったという。

生徒の数は百五六十人もあったが、学生だか不良青年だか分からんやうな風俗で、袴など着けて来るものは稀だった。その頃から労働会なるものがあって、朝には早くより味噌醤油を売るものもあれば、人の用達しをするものもある。そして学校が遅くなるというので、草鞋穿きのまま教室に入って勉強するものさえあった。そんな訳で表面の規律と言ったらまるでなっていない、中には女の髪の様に三尺も長くして後に垂れておるものもあれば、坊主のものもあり、破れ靴、草鞋、下駄、一見乞食のような生徒も少なくなかった。随分乱暴なものもあったし、理屈を並べて手に余るようなのもあった。

けれども押川氏の教育方針はどこまでも自由解放主義で、決して拘束するようなことはなかった。しかし表面においてはその様に不規律のようであったが、その中に実に整然たるキリスト教主義が根底をなしておったから、活きた教育ができたのである。だからあの当時学院に学んだ人間には、教育機関の不完備な割合に役に立つものができたのです。

と、斎藤が当時の東北学院の実態を回顧している。

川合信水は追悼文のなかで次のように東北学院出身者が語ったことを紹介している。

僕らが不始末をしたり、成績が悪くて困るようなことがあれば、斎藤先生は僕らを呼んで慈顔温容、真に我が子に対するの態度で重々しき言葉を以て忠告された。

東北学院で家族主義的な教育を行っていた斎藤の教師生活がうかがえる。

斎藤壬生雄は東北学院在任中の二十六年以後、宮城中会の会議に次のとおり議長、書記として参加した。

臨時第二回中会	二十六年八月二十五日〜二十九日	函館教会	議長
第一一回	二十七年五月十六日	仙台教会	議長
臨時第四回	二十九年十一月十日〜十一日	仙台教会	書記
第一四回	三十年四月二十日〜二十一日	仙台教会	書記
第一七回	三十三年五月二十八日	函館教会	議長

第一一回中会では、東北学院教師であった齋籐が議長となり仙台教会会堂を会場として、東京で開かれる大会の出席者を選出し、山形教会で斎藤と一緒にいたムーアを大会に派遣することに決定した。

日清戦争中の二十八年七月二十九日、仙台教会で礼拝説教を斎藤壬生雄が行ったが、その演題は「亡国の民を弔す」であった。九月六日、仙台日本基督教会で各協会連合で「日清事件基督教大演説会」を開催し、東京から招いた海老名弾正が「日本国の任命」、武田芳三郎が「日清戦争に就いて吾人の持つべき覚悟」を演説したが、その司会を斎藤壬生雄が務めた。非戦主義を主張したのではないようだ。

十月二日に仙台教会で開催した定期中会でも斎藤壬生雄が議長となり、宮城中会所属の山形、上山、鶴岡、米沢、福島県中村、小高、原ノ町、宮城県槻木、札幌、空知、月形、釧路各教会についての報告を伝道委員として斎藤が報告した。なおこの中会記録を二十八年七月に中会記録調査委員長として藤生金六が調査し、記録簿に「調査済」と自書して署名した。

二十九年四月の宮城中会でも斎藤壬生雄が次のとおり報告した。

明治二十八年七月、仙台市仙台日本基督教会々堂に中会の開かれたる当時の精神は、本期一年間一同奮起して受持伝道に従事し七月より本期まで九ケ月間の教況は概して進歩せり、其一二を挙ぐれば飯坂のごとき石ノ巻のごとき、その他函館教会の恩寵に浴するがごときこれなり、然れども古川教会、平講義所の旧によりて不振なるあり、これ遺憾に堪えざるところなり、今期の中会において伝道寄附金に一層御尽力あらば、伝道委員の見込にては成功あるべしと信ず、一般の教況は代員あるいは伝道士諸君の御報告あるべしと思えば略す

明治二十九年四月

宮城中会伝道委員

宮城中会全体の動向を斎藤は伝道委員として把握していたのである。

三十一年には宮城中会常置委員に斎藤は押川方義・石田祐安・橋本経光・村上清とともに選出され、以

後三十五年までつとめ、さらに三十八年から四十年までは常置委員、伝道委員に、四十三年から大正七年まで常置委員に選出された。

斎藤壬生雄は東北学院在任中は幹事に選出され、東北学院経営の中枢に位置するとともに、宮城中会の指導的立場にあった。

なお、東北学院在職中の三十二年二月一日、妻さく子が病死した。明治十二年に斎藤壬生雄と結婚し、民権家から牧師に転身した夫に従い、さく子も新橋日本基督教会で洗礼を受け、各地の教会に夫とともに引っ越して、豊かでない家系を切り盛りし、二子を養育した。函館教会にいた二十五年に病気にかかり、七年間の闘病生活の末に死去した。享年四十歳。

藤生金六

群馬県の代表的な民権結社のひとつである尽節社を、新井毫とともに設立し、民権運動に活躍した藤生金六は、東北学院に斎藤壬生雄とともに勤務し、斎藤とは異なるキリスト者の道を辿った。

藤生金六の東北学院に提出した履歴書は次のとおりである。

履　歴　書

群馬県山田郡大間々町二百十七番地原籍
宮城県仙台市柳町通り九番地寄留

平民　藤生金六
安政六年八月四日生

一明治四年ヨリ神奈川県立修文館ニ於テ該館規定ノ課業修学
一明治五年ヨリ横浜ニ於テ外国人ニ就キ英学修業
一明治六年、横浜高嶋学校ニ於テ該校規定ノ学課修業
一明治七年、東京英語学校（現今第一高等中学）ニ入学、該校規定ノ学科修業
一明治七年秋ヨリ横浜ニ於テ米国人博士ブラウン氏ニ就キ英学及普通学修業、側ラ米国人ルーミス、ミロル、バラ等ノ諸氏ヨリ修身神学哲学等ヲ修メ、同十年七月卒業
一明治十年九月ヨリ十二年四月マテ東京一致神学校ニ於テ神学等ヲ修メ専ラ哲学ヲ修業ス
一明治十二年ヨリ農商業ニ従事シ併セテ学会政社等ノ事ニ従事ス
一明治十六年一月ヨリ上野新報商議委員兼主任記者トナル
一明治十七年九月ヨリ横浜ヘラルド新聞記者トナリ同十九年八月ニ至ル
一明治十九年九月ヨリ二十年十一月マデ福島地方ニ於テ基督教伝道ニ従事ス
一明治二十年十一月ヨリ仙台神学校教授ヲ委嘱セラレ同二十一年六月ニ至ル
一明治二十一年六月ヨリ山形県西田川郡鶴岡町私立荘内中学校々長ヲ委嘱セラレ同二十三年三月辞職ス

一明治二十三年四月ヨリ宮城県仙台市東三番町宮城女学院幹事ヲ委嘱セラレ今日ニ至ル

右之通候也

明治二十四年七月

藤生金六㊞

藤生金六は安政六年（一八五九）生まれで、斎藤より七歳年少である。山田郡大間々町の商家出身である。

明治四年、生糸貿易の修行のために横浜に出て、修文館、バラ塾、高島学校に学び、七年に東京英語学校を経て、ブラウン塾に押川方義らとともに学び、十年に東京一致神学校で井深梶之助、植村正久、田村直臣らとともに神学・哲学を学び、十二年四月に卒業した。在学中は吉田信好、鈴木舎定らとともに原胤昭の女学校跡地の下宿に寄宿した。藤生は東京一致神学校で斎藤より八年も前にキリスト教を学び、一致教会の中心的キリスト者と交流した。

十二年に群馬県大間々町に戻り、生家の農商業に従事し、民権運動がさかんになると、十三年二月に尽節社を設立し、十四年に上野連合会が分裂すると、国会開設優先論者とともに上毛同盟会を設立した。その解散後、上毛有志会が提案した国会開設請願書案を大間々町で新井毫らと検討し、群馬県第五区の中心人物として活躍した。

その後も群馬県内で民権運動を継続し、十五年四月二十六日の桐生町浄蓮寺で開いた政談演説会に藤生は出席し、「中央集権の弊害」を演説した。聴衆が一四〇〇～一五〇〇人にのぼったという。

十五年十二月二十四日に浅草の井生村楼で開催した東京政談演説会に大岡育造、高梨哲四郎らと出席し、藤生は「主義を定むべし」の演題で演説をする予定であったが、他の出席者の演題が認可にならず延期となり、結局演説会は実現しなかった。

十六年二月十日頃、前橋町で開催した政談演説会に出席し、多賀恒信「法律の効用」、平賀勝三郎「人民の義務とは果たして何物ぞ」、野村藤太「府県会規則追加を読んで感あり」などの演説とともに、藤生は「地方政務を論ず」を演説した。最後に「政治は実利主義によるべきか、道理によるべきか」を討論題として討論をした。

四月一日、佐位郡今井村（現佐波郡赤堀町）の宝珠寺の演説会に藤生は出席した。

群馬県会議員中島祐八らが設立した上毛協和会の機関紙として計画され、十六年一月二十五日に創刊した『上野新報』の記者となり、「開刊ノ詞」を藤生金六が執筆した。その大要は次のとおりである。

開刊ノ詞

法律が完備することで社会が安寧になるであろうか、そうではあるまい。兵備が整斉することで社会が安寧になるであろうか、そうではあるまい。一国人民の元気を振作させなければ決して社会の安寧を望むことはできない。

それでは一国人民の元気を振作させようとするには、社会の改進と人生の自由とをはからなければならない。社会の改進と人生の自由とをはかろうとするには、人々の知識を開発しなければならない。

知識を開発するための手段に数種あるが、新聞紙はその有力な手段の一つである。今日、新聞発行が毎日、毎月多くなっている理由はここにある。

また、首をめぐらして試みに今日社会の有様をみよ、いやしくも社会の文明を進むるに必要な財産なり、知識なり、学術なり、工芸なりは、ほとんど中央政府のもとに集まっており、少しでも志気をいだく士は上京し、故郷をもって第一の郷国とせずして、かえって東京をもって第一の郷国としている、もしこの有様が続くようであれば、地方が衰退してしまうであろう。

このために、政党以外に立って中立の立場で地方人民の元気を振作し、社会の改進と人生の自由とをはかることとを目的として我が上野新報を発行することになったのである。

法律を整備し軍隊を強固にしても社会の安寧を保つことはできない、一国人民の元気を振作すること以外には不可能である。それには社会の改進と人生の自由をはかり、人民の知識を開発することが不可欠であり、そのために『上野新報』を発行するのである。また、文明を進めるための必要な物資と知識・情報が中央に集中している現状を改め、地方の元気を振作するために、『上野新報』を発行することを宣言したのである。

群馬県地方の元気振作を訴えた藤生が、そこに活動の場を定着させなかったのは皮肉な結果である。

十六年四月六日発行の『上野新報』第二二号の論説欄には、藤生金六が四月一日、佐位郡今井村で行った政談演説「今日はいかなる時ぞ」の筆記録を掲載した。それにより藤生の議論を検討しよう。

北にロシアが我が国のすきをうかがっている。西に中国と葛藤を生じて解決していない。英仏の諸国は東洋咽喉の地を占拠してアジア全部を併呑しようとたくらんでいる。しかるに東洋諸国はお互いに争って連衡の策は実行できない。そのうえわが国と欧米諸国との条約改正の期限がすでに経過したのに、改正を外人が拒み、今日に至ってもいまだに改正することができない。これがわが国の外政の概況であり、諸君はこれを見て果たしてどうに思うか。政法は大いに改良して、立憲代議政体を樹立しようとする今日において、官民の軋轢がいまだにまったく止まず、ややもすれば急激の改革を挙行しようとして国典を紊乱する者があり、政府もこれら不良の徒を抑圧しようとして、良民をも拘束するような弾圧的な法制を施くことがある。これでは官民が調和したとはとてもいえない。

財政は困弊して到るところで不平を訴え、国民の知識は開発したとはいえ、まだ不十分である。武器を使用して戦争に訴えるような惨状はないが、わが国の今日の状勢は内憂外患が逼迫して実に危急存亡のときといわざるをえない。ゆえにこの救済の策を講ずることが必要である。上下一致して国家の基礎を強固にして、対外的には我が国権を伸暢し、国内的には国家の福祉を保全することに努めるべきである。

わが国運挽回の整備がされていない今日、わが国の位地・状勢を知らない者が多く、政治のことは廟堂有司、代議士、政論家に放任して、国家の安危を顧慮しない者があることは遺憾である。ああ諸君、奮起せよ、今日はいかなる時であるかを知れよ、奮起せよ、諸君、全国の人民が一致して今日の内外の危急を救うのでなければわが国運を振興することは不可能である。諸君よ、今日はいかなる時なるやを肝銘して忘るるなかれ。

欧米諸国がアジア諸国を併呑しようとしているのに、東洋は連帯することができない。わが国の条約改正も進まないと、対外的な独立を主張し、そのためには政治体制を改良し立憲政治を樹立することになっているのに、官民の軋轢がやまないので準備が進まない。財政は困難であり、租税負担の大きいことに対する不満が充満していると、対外的には国権を伸張し、対内的には国家の福祉保全を求めて、県民に現状を認識して奮起することを訴えた。

その論説にはキリスト者としての主張はみじんもなく、ナショナリズムを強調した民権家としての主張であり、アジテーションであった。政談演説会という場での主張であることを考慮すべきであるが、藤生は状況に応じて、その場にふさわしい議論をする傾向があり、そのために一貫性が欠けてしまうようである。十七年四月に藤生は一時准允資格を剥奪された。その後、民権運動が衰退するとふたたびキリスト者としての主張を強め、国権主義的風潮が高まりキリスト教が衰退すると、キリスト教から離れてしまうのである。

藤生は十七年に横浜ヘラルド新聞記者となり、十九年九月に福島教会第二代牧師となった。語学に堪能で文章・弁舌に優れているのを押川方義が評価して福島教会へ招聘したという。同年十月二十六日、仙台一致教会で試験に及第し按手礼を受け、牧師の資格を得た。斎藤壬生雄より三年早く牧師の資格を得た。

藤生は入信してから長い年月を経ているが、民権運動活動期にキリスト者としての活動を中断し、民権運動衰退により牧師への道をふたたび選択したのである。

藤生は福島教会赴任後は教会内での布教にとどまることなく開拓伝道を積極的に行い、保原、長岡、掛田、飯坂、川俣の信夫・伊達両郡から二本松、三春、須賀川まで伝道した。

明治二十年には東北学院の前身である仙台神学校教授になった。二十一年に神学校教授として来日したホーイは「藤生師が私のため通訳をしてくれます」と書簡に記している。

押川方義に頼まれ、二十一年六月には山形県鶴岡町の私立荘内中学校の校長を委嘱された。同年七月に中学校を設立し、二十三年三月まで勤め、キリスト教による教育を実施した。後任の保野時中校長の時期には国家主義的な教育を行い、藤生の感化を受けたキリスト教徒生徒五人によるストライキ事件が起きた。なお、同校は三十二年に山形県立中学校に移管された。

二十三年四月に荘内中学校を辞職して福島へ伝道に行くことに決まったが変更になり、宮城女学校の修身、訳読、歴史担当の教授に就任した。

宮城女学校は明治十九年九月に設立を認可された。開設者はムーア、ホーイ、ミス・ブルールボー、押川方義、首藤陸三、藤生金六の六人であった。三年制の予科と四年制の本科を設置した。昭和二十一年に宮城学院高等女学校に改称し、二十四年に宮城学院女子大学を開設した。

明治二十四年六月には東北学院の「新憲法起草委員」に押川方義、ホーイ、シュネイダーとともに藤生が選ばれ、同年七月に提出した東北学院設立願書に藤生は教授・理事として署名している。哲学、論理学、経済学、万国公法、徴証論を担当する教授となった。

二十五年八月の東北学院「憲法改正」の理事会に理事局日本人書記として出席し、幹事の次席の「掌書」でもあり、予科および本科教授、社会学教授、神学部の歴史神学教授であった。二十六年の理事会でも同様の身分で出席し、担当は自然神学社会学教授となった。斎藤が山形教会へ赴いたときに藤生は東北学院教授であった。

二十七年二月に東京第二中会の下谷教会牧師となったというが、同年三月二十一日に仙台市旭座の演説会に一〇〇〇余人の聴衆が集まり、藤生が「今後の日本」を演説したので、下谷教会赴任はその後であろう。

二十七年七月に新栄教会で開かれた日本基督教会大会の議長に選出された。この大会では田村直臣の著作『日本の花嫁』が問題となり、日本の恥辱を記述し海外に広めたとして田村の弾劾動議が提出され、賛否同数であったので議長の藤生の採決により動議を採択した。さらに田村は除名された。

二十七年八月に宮城中会が藤生金六を会津若松へ派遣した。藤生は八月二十二日に赴任し、九月十日に北小路三五番地の家屋を借りて講義所を設けた。教会員は二人であった。初日の集会に六〇余人が集まったが、その大半は組合教会の信徒であった。

「日本基督教会信徒人名簿」には藤生夫妻は次のとおり記載されている。

東京小石川区字田老町三十八番地　平民金六妻
藤生テイ
明治二十八年一月廿七日　東京下谷教会ヨリ転入
明治三十八年五月廿八日　除名
同　藤生金六
明治三十八年五月廿八日　除名

藤生は明治十九年から宮城中会で活躍し、二十七年に下谷教会に転出し、半年後に福島教会に転出したが、書類上は二十八年になって下谷教会から宮城中会に転入した。

なお、二十八年四月七日、藤生が野口英世に授洗したことは著名である。「日本基督教会信徒人名簿」には「耶摩郡　明治二十八年四月七日藤生教師ヨリ受洗　野口清作」とある。

会陽医院から北小路町を西へ歩いて四、五分の所にできた長老派の教会牧師藤生金六夫妻が、布教のかたわら塾を開いて英語訳語および会話を教えていて、主に会津中学の生徒がその塾に通っていた。清作もここに通っていてその世話役の監事として塾生一同の指導をしていた。……清作が当時クリスマスの手伝いを熱心にしていたとか、日曜学校のカードを配っていたという話が伝わっているという。

藤生は若松講義所の布教活動を次のとおり宮城中会で報告した。

若松講義所（藤生教師）　当講義所に属する信徒は一〇名にして前中会より増すこと六名である。うち一名は他行、一名は他郡にあるので市内に居住するものはわずかに八名に過ぎず、安息日の礼拝には一〇名より二二、三名、夜の集会もほとんど同様の出席者がある。日曜学校生徒は出席平均四〇名余、名簿は一〇〇余名があり、男児の出席は不定であるが、女児は毎会出席し、なお増加の模様である。適当な教員が確保できれば大いに拡張の見込みがある。

一昨年当地に伝道を開始し、当地方の状況を次のように観察して、伝道方針を定めた。参考のためにその概略を述べておこう。

会津藩は維新の当時向背を誤りて亡国するほどの被害を受け、その傷痍はいまだに癒えていない。基幹となる産業がなく、人民の生活の程度は高からず、会津地方全体は歳出が歳入を超過するために、人民を安堵させるために霊性の糧とともに肉体の糧をあわせて与えなければならない。そのため、伝道の間を見て地方有志者と談じて殖産興業の道を講じ、幸いにして賛成者があり、漸次目的を達する望みが出てきた、絹織物業はすでに有志者の手で伝習所を設置し、町会が補助金を出して援助することになった。この技師は信徒であり、機業家は喜んで信徒を迎えるようになった。陶器製造も有名な本郷があり、その他若松地方に有望の土地があるので、わが党の士に従事させれば、将来大きな産業として発展するであろう。この陶器製造は今計画中であり、その他漆器製造も製造者を勧誘して進歩をはかっているところである。わが党の勢力がこれらの実業家に浸透するようになれば、将来に希望がもてる。

地方によって一様ではないが、当地のように上流の権力が大きい地方では、まずこの干城を陥落させなければ伝道の道を開くことは難しいであろう。そのためいろいろな方法で上流に交際を求めて、地方上流の士人が倶楽部を設立することになり、私もその役員に選ばれたので、将来は交際の道がさらに開けると思う。

そのほか、美挙を教授して青年に交わり、わが党の主義目的を世間に知らせようとしている。また、過日来世俗的婦人会を組織して市内の有力な名望家の妻女が入会する者が多いので、これまた婦人交際の機関となるであろう。

要するにいまだ創業したばかりで、計画の効果が出ていないが、ようやく目的に向って希望が出てきたにすぎない。当地に伝道を開始するにあたって、従前と異なる方針を立て、その効果を試みているところであるので、ここに一言して、諸君の高諭を乞うものである（東北学院大学所蔵「明治廿七年十月宮城中会記録」）。

藤生が二十七年から牧師として赴任した当時の若松講義所は、教会員二人だけであったが、受洗者が増加して八人になり、教会に安息日の礼拝に来る者が一〇人から二〇人、日曜学校生徒が登録者は一〇〇人、出席者が四〇余人と教勢を拡張したことを報告した。

地域振興に協力することによりさらに教勢を拡張する方針を採用した。

会津藩は維新の当時向背を誤ったと、幕末維新期に佐幕派となって維新政府に抵抗した会津藩の動向を批判し、そのために地域振興が遅れたことを指摘したが、会津藩とともに東征軍と戦った斎藤壬生雄は、にが虫をかみつぶして藤生の報告を聞いたことであろう。

藤生は会津地方の振興のために霊の糧とともに肉体の糧を与えることが必要であるとし、絹織物業、漆器製造など産業の改良に協力することにより、実業者がキリスト教の拡張に協力する可能性があるので、その準備をはじめたと報告した。さらに、上流人士の間に教勢を拡張することを期待して交際場である倶楽部を設立し、藤生がその役員のひとりに選出された。また、同様に青年・婦人の交際機関を設立し、教勢拡張をはかっていることを報告した。地域社会の振興とキリスト教の拡大とを結びつけて活動していることが大きな特色である。野口英世も日曜学校の生徒から受洗するまでになったのであり、効果的な布教方法ではある。

しかし、藤生は若松教会を三十年十一月に病気のために辞任した。

藤生は三十四年五月二十二日、二十三日に東北学院で開催された第一八回中会の議長を務め、それを最後として押川方義とともに東北学院を辞任した。

押川は「宗教と政治」「キリスト教伝道と国家の救い」を行うことは、外国ミッションとの関係を保っていては不可能と感じ、辞任することになったのである。三十四年には東北学院を辞職して、アジアへの進出に専念し、その資金造成のために鉱山業に従事したが、失敗した。大日本海外教育会を設立し、朝鮮に京城学堂を開き、朝鮮から、さらに中国大陸への進出をはかり、また北樺太石油開発を行った。その後政界に転じ、福島県から衆議院議員選挙に立候補したが落選し、大正六年四月の第一三回、九年五月の第一四回の衆議院議員選挙に憲政会所属で愛媛県から当選し、十三年まで二期七年間代議士を務めた。昭和三年（一九二八）に死去した。享年八十歳。

三十五年十月に押川方義とともに藤生金六が退会することが宮城中会の議題となり、留任を勧告したが、翌三十六年四月に退会を認めた。さらに、藤生は三十八年に日本基督教会を除名された。

藤生はその後押川とは行動を共にしなかったが、キリスト教界から離れ、商業に手を出し失敗した。藤生が議長をつとめて日本基督教会大会で決議を採択して弾劾した田村直臣を晩年に訪れ、援助を依頼したと、田村が回想した。

仙台教会と斎藤壬生雄

明治二十九年四月二十二日に「新タニ開ク仙台教会」の状況を斎藤壬生雄が次のとおり宮城中会で報告した。

仙台教会（斎藤壬生雄氏）

当教会は夏期中悪疫流行し高等女学校の休業等により、その間は記すべき程のことなし十月に至りて総会は長老執事に限定す、ここにおいてさらに振起策を講究したり、その二三を挙ぐれば各部の受持を定め祈祷会を奨励し、姉妹諸氏に特別勧めをなし、夫婦会を開きたる等未だ未定の手段をことごく実行せざれども、その結果として祈祷会、安息日礼拝に人員を加えたることに、会堂建築費に千数百円を落手したること等は神恩の然らしむる所にして、会友相互に愛情の深厚なるを証するに足る、目下直接伝道者もしくは牧師の招聘するを得ば、一層の好結果あるべしと信ず。

明治十四年五月一日に押川方義、吉田亀太郎らによって創立された仙台教会は、当時専任の牧師がいなかったので、東北学院にいた斎藤壬生雄が仮牧師として教会活動の振興に努力することになった。二十七年一月に押川方義らとともに仙台教会建築委員七人の一人に斎藤が選出され、仮牧師として兼任していた。

三十一年から東北学院幹事のままで仙台教会の主任牧師となり、三十二年六月二十五日に挙行した新会堂定礎式を斎藤が司会した。

三十四年五月から九月まで、斎藤壬生雄は肺結核のため休養した。しかし、七月二十一日には「神の遣わしし者は神の言を語る」と説教をしており、宗教活動をまったく中断したわけではない。同年十月二十日の仙台教会献堂式に斎藤壬生雄は牧師として出席した。しかし、同年十二月には病気のため仙台名誉牧師を辞任した。

斎藤壬生雄が仙台教会の仮牧師を二十九年から三十四年まで努めたが、東北学院教師として兼牧したのである。

函館教会へ再度赴任

明治三十五年四月、斎藤壬生雄は東北学院幹事を辞任して、一〇年ぶりにふたたび第八代牧師として函館教会に赴任し、三十七年まで在任した。

東北学院出身の川合信水の勧めがあったという。三十一年に函館教会に就任した第七代牧師の佐々木純一が三十五年に辞任し、後任が決まらなかった無牧時代に、川合が説教などを担当して教会活動を援助していたのである。

川合信水は押川方義とともに東北学院を辞職し、鶴岡講義所で伝道した後に三十四年十一月から函館毎日新聞主筆となった。斎藤赴任の半年後の三十五年九月に函館毎日新聞社を退職し、斎藤のもとにしばらく滞在した。

川合信水の証言が函館教会の『創立五十年略史』にある。

回　顧　　　川合信水

氏は明治三十四年末から三十五年末まで当教会にあり、三十五年の無牧中は講壇を助けられまして、現在は京都府綾部町誠修学院にあられます。

自分が函館毎日新聞主筆として招聘せられ、はじめて津軽海峡を渡り函館に着いたのは明治三十四年の十一月であった。その時の函館日本基督教会の牧師は、自分と同じ東北学院出身の佐々木純一君であった。日曜日に教会に出席して、相馬、栗田、土橋、新井、鎌田の諸君をはじめ、その他の方々と相知った。

その翌年、佐々木君は辞職して東上し、斎藤壬生雄君が代って牧師となられた。斎藤君が天稟の大器と、多年の修養による高徳とは、よく教会の全員をまとめて、和気靄々たる一団とならしめた。自分も斎藤牧師から頼まれて、ときどき日曜日夜の集会に聖書の講義をした。新井、土橋、その他某々諸君は、深く喜んで傾聴されたのである。

函館時代の斎藤壬生雄（斎藤光家文書より）

函館には縁が薄く、明治三十五年の十一月、満一ヵ年にして辞し去ったのであるが、当時の教会堂や斎藤牧師、相馬、栗田、土橋、新井、鎌田、諸君の面影が、今なお目の前に遺っておる。けれど、その中既にこの世を去って、天国に行かれた人々の多いことを思い、当時三十五六歳の働き盛りであった自分も、精神においては『老のまさに至らんとするを知らず』とはいえ、肉体においては、六十六歳の暮に近いことを思い、感慨無量。仰いで、天父の御事業の悠久にましますことを沈思するのみである。

郡是株式会社にいた川合が当時を回顧したものであり、三十四年に函館毎日新聞に勤務するかたわら、無牧となった函館教会に協力し、斎藤壬生雄赴任後も協力し、和気あいあいとした家族主義的な教会活動をしていたことを記録している。

斎藤在任中の函館教会の会員は三十五年の九八人から、三十六年に九五人に減少した。斎藤が函館教会で授洗した信者は三十五年に三人、三十六年に八人であった。斎藤辞任後の三十七年に受洗者三人、会員九六人、三十八年には受洗者がなく会員が九三人となった。安息日学校には教師は男性三人、女性一人で運営し、男子二七人、女子二七人が所属し、平均出席は半分の男子一三人、女子一二人であった。

収入は通常献金三五五円、臨時献金一六四円、雑収入一七二円、合計六七四円でミッションからの補助はなかった。支出は謝金三六〇円、慈善費二三円、伝道局へ寄付八円、教会諸費二〇七円などであった。

三十六年三月十四日に宮城中会から分離独立して日本基督教会北海道中会を設立することになり、札幌教会で星野光多を中会設立委員として設立式を開催し、星野光多が中会設立を宣言した。その会議に斎藤は函館教会から出席し、議長に選出された。

翌三十七年二月五日に旭川教会で開催された第二回中会に、斎藤は函館教会牧師として出席し、ふたたび議長に選出され、大会議員教師正員に当選した。

翌三十八年六月に小樽教会で開催された第三回中会には函館教会から出席者はなかった。

三十七年、斎藤は「老躯職に堪えざる故を以て退職す」と『創立五十年略史』にあるが、まだ五十二歳であり、その後大正八年に京都府綾部に隠退するまで各地の教会で活躍しており、辞職の理由は病気など別にあったように思われるが、真相は不明である。

三十九年秋に第九代牧師千磐武雄が就任するまでの二年間は函館教会は無牧となり、三十九年に「大会伝道局より夏季二ケ月間、教師石田祐安、坂本直寛を応援に派遣」したほどである。「斎藤壬生雄氏明治三十七年夏季退職されたる後は無牧のままにて、この間説教は聖公会の伊藤松太郎氏に依頼し、又当教会の相馬、栗田両長老及び岩谷平八氏等によりなされ礼拝及び集会は一度も休みたることなし」と、教会の宗教活動はかろうじて維持したが、斎藤が辞職した後は困難な状況に陥っていたのである。

福島・石巻・中村・岩沼・白石各教会と斎藤壬生雄

福島教会

函館教会を辞任した斎藤は東北学院に戻り、宮城中会の三人の常置委員のうちの一人に再選され、明治四十年まで務め、函館教会辞任後、ふたたび東北学院教授、宮城中会幹部として活躍した。

明治三十八年四月十八日から二十日まで仙台教会で開かれた第二二回宮城中会に斎藤は出席し、議長に選出された。

翌三十九年四月に山形教会で開催した第二三回宮城中会では、東北学院教師として出席し、議長に選出され、大会議員、伝道委員に任命され、福島県西部を監督宣教師区域と定められた。

四十年四月の仙台教会で開催した第二四回宮城中会でも、大会議員に選出されるとともに、三人の教会組織整理委員のうちの一人に選出された。

斎藤はその後も宮城中会に次のとおり出席し、議長に選出された。

第二五回　四十一年四月二十八日　石巻教会　議長

第二六回　四十二年四月二十七日～二十九日　仙台教会　議長

第二七回　四十三年四月十九日～二十日　福島教会　議長

四十二年十月、東京麹町教会で開かれた日本基督教会第二三回大会に、宮城中会の八人の正議員のひとり、福島教会宣教師として出席した。

三十七年九月十八日、斎藤壬生雄は福島講義所に赴任し、四十三年まで在任した。三十六年十月に中村教会から城生安治が福島講義所牧師として赴任しており、斎藤壬生雄は城生を応援するために派遣された

仙台時代の斎藤壬生雄（斎藤光家文書より）

のである。

福島教会は明治十九年に押川方義、吉田亀太郎により伝道を開始し、藤生金六が同年十月に第二代牧師として赴任した教会である。二十一年に藤生が仙台神学校に去り、組合教会の牧師が赴任したが、両派の合同が失敗した後は、無牧となり衰退した。県庁所在地の教会として押川方義が重視し、二十四年に牧師として和田肇が保原の信達教会から赴任して復興した。二十九年に和田が平講義所に転じると、ふたたび無牧となり、東北学院のホーイの援助を得て和田牧師が兼任し、三十六年に城生牧師が赴任したのである。

斎藤の在任中の三十八年十一月に、青年会が福島講義所に図書部を設置すると、斎藤は自身の蔵書数十冊を寄贈して、図書の充実に協力した。斎藤は福島講義所の宗教活動をするとともに、福島地方の集中伝道に従事し、三十九年三月四日の飯坂での集会には斎藤が講師となり、出席者が一五人あった。

四十年九月には福島講義所が活発になったと評価され、伝道教会と認定され、第一回総会を斎藤の祈祷ではじめ、会員七四人が出席した。斎藤は教会堂の建設に着手し、四十二年十二月に福島教会献堂式を挙行し、斎藤が祈祷を捧げた。山形教会・函館教会も斎藤が教会堂を建設しており、教会活動の拠点である教会堂を重視し、信者の協力を得てその建設に積極的に取り組んだ。

斎藤は教会を建設し、運営が軌道に乗った四十三年七月五日に福島教会を辞任し、石巻教会に赴任した。

斎藤離任後、大正三年一月十八日に福島教会で日本基督伝道教会総会を開催したが、斎藤が議長として出席した。

大正三年四月十二日、福島教会建設式が執行されると、斎藤壬生雄が臨席して司式を務めた。十五日に福島教会で開催した宮城中会に東北学院教師として出席し、准允試験委員に選出された。

石巻教会

斎藤壬生雄は明治四十三年七月、福島教会を辞任すると、宮城県牡鹿郡石巻町の山城町にあった石巻教会の応援牧師として赴任した。

同年に斎藤は宮城中会の五人の常置委員の一人に選出され、大正七年まで務めた。

石巻教会は明治十四年に同地出身の吉田亀太郎が両親の自宅に仮会堂を設立し、十八年十一月九日に石巻一致教会として発足した。二十三年に石巻日本基督教会となったが、教勢が不振であり、四十一年に伝道教会となったため、池田勤之助牧師に協力してその教勢を挽回するために東北学院から斎藤が派遣されたのである。

斎藤壬生雄は教会の伝道活動に努め、一年間を「集註伝道」として仙台からファウスト、伊藤嘉吉、梶原長八郎らの教師の応援を頼み、礼拝や伝道説教を池田勤之助牧師と交互に行い、池田の指導で聖書研究としてヨブ記を読んだ。

四十三年十月、大阪府浜寺公園に開かれた日本基督教会第二四回大会に出席し、帰途紅葉寺にある実弟山崎重五郎の墓に詣でて、「志士山崎重五郎君之墓碑」の文面を写し取っている。

四十四年八月に池田が離任し、九月に斎藤が離任し、十月に十代牧師として門馬清治郎が赴任した。

青柳新米の回想録にどこの教会かははっきりしないが、「東北地方の貧乏教会を牧師し、これを独立教会たらしめんと努め、監督教師として何人もいやがる忠告勧告等をみづから引き受けられ、斎藤さんの御忠告ならと申して牧師も教役者も兄の忠告を容認したという。某教会では月給が一五円しか払えないというのに、兄は進んでその教会の牧師となり、自給独立のできるまで数年踏みとどまっていた」とあり、斎藤は教勢不振で伝道教会に格下げになった教会の活性化に努めた。

中村教会

斎藤壬生雄は明治四十四年六月に「既に死を覚悟」するほど、糖尿病が悪化したことを理由に牧師を辞職して休養することを決心し、押川方義に了解を求める書簡を出した。しかし、辞職は認められず、福島県相馬郡中村町（現相馬市）の中村教会へ赴任した。明治四十四年十一月発行の『日本基督教会教役者』には、斎藤は「中村伝道教会教師」と紹介されており、四十四年末には赴任したようである。

中村教会は明治十九年に押川方義、吉田亀太郎が伝道を開始し、二十八年に会堂を建設したが、四十年には活動が振るわずに教会として認められず、飯坂教会、石巻教会とともに伝道教会に格下げされた。宮城中会は教会運営の実績を認めて、斎藤に不振な教会の建て直しを担当させたのである。青柳新米の回想にあったように、宮城中会の幹部であった斎藤がみずから望んで担当したのかもしれない。

『中村教会創立九十周年記念集』には、斎藤牧師の伝道生活を次のとおり記録している。

その頃中村教会は、教勢すこぶる振わず困難な状態であったのでこれを復興させるのにもっとも有力な牧師として斎藤先生が着任せられた。

既に御老体であるにかかわらず、単身赴任して教会附属の何の設備もない二部屋と小さい台所だけの牧師館に住まわれた。

白髪で白顎髭がある堂々たる体躯の上品な紳士であり、説教は短いが、極めて厳粛で自ら襟を正して聞くべきものであり、必ず何か心に残るものを与えられた。

いたずらに信者の数を増すことにあせらず、洗礼は非常に慎重で充分教育して固い決心をきいてから授洗された。受洗志願者が出ると、礼拝の後などに特に残しておいて準備教育するのが常であった。松枝茂、斎藤静、鎌田などこの特別教育を受けたグループである。松枝君は医学博士となり産婦人科の名医として多くの人を助け、斎藤君は英語が達者なので戦後仙台市役所に入り、渉外課において進駐軍と市との間の重要な任務を果していた。

鎌田は受洗を勧められても聖書はまだ解らないとか、三位一体や奇跡は理解できないとかいって、なかなか先生の言葉に従わないでいた。ある夏の休暇中、秋田にいる叔父、土田牧師のところに行って一ケ月程過していた時、斎藤先生から叔父に手紙が来た。「鎌田は受洗を勧めてもまだ決心がつきかねている。そちらにいる間よく説き聞かせて貰いたい。彼のために日夜祈っている。」という意味のことが、温情あふれる言葉で書いてあるのを見た時、たちまち大いに感激してしまった。自分のようなつまらぬ者のために、日夜祈って下さるとは何とありがたいことだと思うと、今まで生意気をいっていたことはすべて吹き飛んでしまって、あの偉い先生がそういわれるのだから間違いはない。受洗させていただこうと決心した。これを秋田から先生に伝えた時は胸がスーッとして爽快を感じた。そして十月三日にきく姉とともに受洗した。あの時受洗しなかったら、生涯信徒の仲間に入れなかったかもしれない。

斎藤先生はかくのごとく一人一人のことを考えておられた牧者で、真によき羊飼いとはこういう牧者だと思った。

会堂の西側に細長い部屋があり、その間は紙障子でいつも破れて困っていたので、先生は僅かの謝金から出費してガラス戸六枚を作って下さった。それがため日曜学校の生徒の組分けした時の二つの教室が増加された。

先生は社会的にも活動され、学校、その他の団体にもよく顔を出された。相馬中学校の弁論会（当時は講談会と云った。）には必ず出席された。その頃、生徒が教会に来ることはかなり勇気のいることであった。弥次られたり時にはひどい迫害があったからである。教会の青年達は隠れて教会に来ているのではなく、堂々と来ていることを示そうとして、この弁論会に皆出席してキリスト教精神に関する話をした。弥次るものも迫害を加える者もなくなった。

斎藤壬生雄は教勢の振るわなかった中村教会を挽回するために、病気を押して活動した。日露戦争後のキリスト教に対する反発が強まった時期に、反発の大きい土地柄を考慮して、受洗者数を増やすことよりもすでに受洗した信者の信仰を維持し、強固な信仰心をもつ者を育てることを重視し、一人ひとりを観察して家族主義的な教会経営を行い、教勢を拡張した。

中学校生徒が教会に行くだけで迫害を受けるような状況を打破しようと、相馬中学校の弁論会に欠かさず出席して、キリスト教に関する講話をして、偏見をなくし生徒が堂々と教会に行ける雰囲気をつくったという。

大正元年（一九一二）十月十二日に、仙台教会で開かれた日本基督教会第二六回大会にあわせて挙行された仙台教会創立四十年紀年会には、斎藤壬生雄が祈祷を捧げた。

大正二年五月十六日の東北学院創立二十七周年記念式典祝賀会に、斎藤壬生雄は宮城中会代表として出席した。

四年五月四日に仙台教会で開かれた第三二回宮城中会に出席し、議長に選出されており、中村教会在任中も東北学院教師、宮城中会幹部としても活躍した。

大正四年に中村教会を辞任した。同年八月九日に川合信水が中村教会に斎藤を訪問しており、その後の辞任であろう。

岩沼教会

大正五年三月三十日、斎藤壬生雄は宮城県名取郡岩沼町の岩沼教会へ赴任した。

岩沼教会は押川方義、吉田亀太郎が明治十五年三月に岩沼地方を伝道し、十八年十月三十日、岩沼一致教会を創立し、後に岩沼基督教会と改称した。

大正五年四月二十日に米沢教会で開催された第三三回宮城中会に斎藤は出席し、議長に選出された。その会議の議題として「斎藤壬生雄氏ヲ岩沼教会牧師ニ推薦スルコト」が取り上げられ、事後承諾ではあるが承認された。

同年七月に岩沼町南桜島貫兵太夫師の宅地五八五坪を購入し、教会敷地とした。

六年四月に仙台で開催された宮城中会に岩沼教会所属として斎藤壬生雄は出席し、常置委員、協力委員に選出された。二年の約束であったために七年三月まで岩沼教会牧師を務め、同年四月に白石教会に転出した。

白石教会

大正七年四月一日、斎藤壬生雄は宮城県刈田郡白石町の白石教会に赴任し、翌八年に辞任して牧師を隠退した。

白石教会は明治十九年に吉田亀太郎、ホーイらが伝道して、二十四年に講義所を創設し、四十二年に土地を購入し、三十六年、桜小路三一番地に仮会堂を建築した。斎藤が赴任当時はここで布教していた。

斎藤が辞任した後の十二年九月、白石教会堂の新築に着手し、十三年一月に落成した。大正十四年には芦名武雄牧師のもとで、会員七〇人の教会となっていた。

なお、大正八年に宮城中会は東北中会と改称し、十年の会員数は二九八人であった。

退隠後の斎藤壬生雄

白石教会を辞任した斎藤壬生雄は嫡男の幸祐がいた京都府綾部町馬場に隠退した。教会活動からも隠退した。隠退後は長女ちよの夫の川合と親交し、斎藤の葬儀に川合が弔辞を捧げたほどである。

川合も「天稟の大器と多年の修養による高徳」により「よく教会の全員をまとめて、和気靄々たる一団とならしめた」とキリスト者としての斎藤壬生雄を高く評価し尊敬していた。

晩年の斎藤について「その寛容にして、輪郭の大なる風格には、大に敬慕を払っていた。晩年糖尿病に罹り、再び起つあたわざることを知り、丹波綾部にいる令息幸祐氏のもとに来り、愛婿川合先生と親しく往来し、共に修道の途に潜心し、遂に神人合一の聖境に達した」「翁の晩年病を得るや、間断なく強い咳嗽が出て、他の見る目も非常に苦しそうであったが、既に神人合一の体験に入られた翁は、その間にあって非常な歓喜と感謝とにあふれ、『神が自分の中にあって、苦痛を分けて負いたまう、この楽しみは万金にも換えがたい』といわれた。死期に臨むや、あらかじめ自らこれを知り、死に先だつ一日前より全く食を絶ち、愛子、愛婿、愛孫を枕頭に招き、一人一人に握手して、あたかも喜びの旅路に上るがごとく『さようなら』と訣別の言葉を残され、無限の希望と歓喜とを抱いて、憂喜繁きこの世を辞し、聖楽尽きせぬ天国に逍遥せらるるの身となられた」と、斎藤の「寛容にして、輪郭の大なる風格」を川合が「敬慕」して、斎藤も川合を信頼した。

斎藤は糖尿病を患い、病気による苦痛も「神が自分の中に在って、苦痛を分けて負ひ給ふ、この楽は萬金にも換へ難い」と、神人合一の境地をむしろ楽しんでいたようであり、聖者のような生活を送った。

大正九年四月十二日の川合信水の押川方義宛の書簡によると、押川が衆議院選挙に出馬することに対して斎藤壬生雄は川合とともに反対している。

大正十二年十二月二十八日、斎藤壬生雄は死去した。享年七二歳。『福音新報』に次の死亡広告を出したのは、子どもの斎藤幸祐、総代井上正義、親戚川合信水と友人押川方義であった。

斎藤壬生雄かねて病気のところ、養生相叶わず、本月二十八日午後五時三十二分昇天仕り候、葬儀は来年一月四日午後正一時自宅において執行、綾部共同墓地に埋葬仕り候、この段御通知申し上げ候、匆々

十二月二十九日

京都府綾部町字馬場

男　斎藤幸祐

親戚　川合信水

総代　井上正義

友人　押川方義

女婿川合信水

斎藤の死後弔辞を読んだ川合信水は、山梨県南都留郡西桂村（現西桂町）出身であり、慶応三年（一八六七）生まれだから、斎藤より一五歳年下になる。新聞社、雑誌社に勤めていた川合が、明治二十六年に東北学院を設立した押川方義を慕って同学院に入学し、三十四年まで在籍しているので、東北学院にいた斎藤と八年間ともに生活したのである。

川合の東北学院に提出した次の履歴書によると、明治二十六年に斎藤壬生雄が東北学院幹事・理事のときに川合は労働会の塾長となり、接触がはじまったようだ。川合は二十九年六月に東北学院を卒業し、三十年から川合は作文科の教授となり、三十二年から斎藤が倫理科の教授となり、同僚として東北学院で一緒に生活していた。

履　歴　書

仙台東二番町三十二番地寄留
山梨県平民　川合信水㊞
慶応三年十月廿二日生

明治二十一年七月ヨリ八月マデ　山梨県下峡陽与論新報ノ記者トナル　峡陽与論新報社
明治二十三年十月ヨリ二十五年十二月マデ　東京女学雑誌ノ記者トナル　女学雑誌社
明治二十九年四月ヨリ三十一年九月マデ　仙台芙蓉峰雑誌ノ主筆記者トナル　芙蓉社

明治二十六年九月ヨリ三十年十月マデ　仙台労働会ノ塾長トナル　労働会
明治三十年九月ヨリ現今ニ至ル　仙台東北学院寄宿舎々監トナル　東北学院寄宿舎
明治三十年九月ヨリ現今ニ至ル　仙台東北学院作文科教授トナル　東北学院

川合信水は東北学院にいた明治三十二年十二月に、斎藤壬生雄の長女ちよと結婚したので、斎藤の女婿になる。

川合の斎藤の長女に対する恋情を知り、三十一年四月二十四日、押川方義は次の書簡で斎藤へ意向打診をしている。

斎藤壬生雄殿　　必親展

萩ノ浜大森客舎ニテ押川方義

小生出立の前日川合氏と会談の際、都合によりては妻帯が必要となろう、もしその希望があるならば今回北行のついでに適切の娘を聞き合し申すべきかと申聞け候ところ、今は妻帯の意はない云々と申出候につき、雑談に移り相分れ候。その夜再び来り一封の書を持ち小生に渡し旅中寸暇に読みくれと申遺し候につき、披見したところ別紙は即ちその書状です。同氏より令嬢に対する恋愛の情が紙上に表われ、実に不思議の感に打たれ申し候、右はいったん小生より貴君にその意を通じたる事ありて、その後御返辞も承り候につき、直ちにその意は通じ置きしにつき、もはやかかる痴情に等しきものは同氏の衷情にも無之ものと推し居りしに計らざりし、今回のこの白状ありとは。……アア人間の煩悩

とは不可思議のものなるかな、彼の人にして此事ありとは

押川が出発する前日に、川合が押川を訪問し会談した際に、適切な娘がいれば結婚する意思があるか、各地をまわる今回の旅行で探してこようかと聞いたところ、川合は今は結婚するつもりはないと答えた。しかし、その夜に押川をふたたび訪れた川合は旅行中に読んでほしいと一通の書簡を渡した。読んだところ斎藤の令嬢に対する恋愛の情が書かれており、不思議の感がした。かつて貴君に川合の情は伝えたことがあり、おことわりの返事を受け取り川合に伝えて置き、痴情にひとしい恋情はあきらめたと思っていたが、今回の白状に驚いている。信頼している川合がこのように悩んでいるとは、人間の煩悩とは不可思議のものであると、いったんは斎藤が断った川合の恋情を、斎藤に伝えたのである。

この書簡に同封された川合信水の押川宛の書簡は次のとおりである。

四月二十二日

わが霊の父なる先生

一方ならぬ御慈愛をもってわがために思いはからせ給うこと感涙に堪えがたく候、小生が心底の秘密申し上げまじと存じ居り候いしが、かくまでにわがために御配慮下され候先生に対し申し上げざるは、何だか済まぬやうな心地致し候につき御はづかしく候えども隠さず申し上げ候

かつて先生が一寸御話し下され候て宜しからざりし彼の女の事、いったんは思い絶えしがいつの程よりか執着の愛また出で来り、勇気をもって之を退け去り候えば去り候えども時として相見候ことな

ど有之候えば、胸中あたかも掻きむしらるる如く苦しく相感じ候、こは何事ぞとしばしば祈り候えども執着の情はいよいよ増り行くのみ、見ざらんとすればかえって苦しく、さりとて見れば更に苦しく、

朝に夕にただ祈りによりてのみ心をやり候（後略）

押川が川合を心にかけていることに対して感謝をし、川合の心底の秘密をいうまいと思っていたが、川合へ篤い配慮をする押川にいわないのはすまない心地がするので、はずかしくはあるが包み隠さずにいいます、押川が以前に仲介して断られた彼の女のことはいったんはあきらめたが、執着の愛が思い切れず、朝に夕に祈っていると、率直に吐露した。

川合信水が恋いこがれたのは斎藤壬生雄の長女ちよであり、結局一年半以上経って、ちよが宮城女学校を卒業した後の三十二年十二月、押川方義の媒酌で結婚した。川合三十三歳、ちよ十八歳であった。

斎藤壬生雄が川合の申し出に反対したのは、両人が終生つきあい互いに信頼していたことから、川合の人格とか性格ではなく、ちよが在学中であったことと一五歳も年齢が離れていたことであろう。

ちよは「容姿端麗、貞淑にして慈愛に富み、勤倹にして家政を整え、先生〔川合〕を援くるの傍ら令息令嬢の養育に専念せられ、今や令息令孫の善き母君として、又善き祖母君として靄々たる家庭裡の主婦となって居られる」と結婚後は幸せな家庭生活を送った。

川合は三十四年五月に山形県鶴岡町日本基督教講義所に赴任したが同年に辞任し、十一月に函館毎日新聞社に記者として就職し、函館教会に斎藤を招聘した。

川合信水は、その後三十七年七月に前橋の共愛女学校教師となり、翌年三月に第五代校長になり、四十年十二月に辞職した。四十一年一月に川合の後任の共愛女学校第六代校長には斎藤壬生雄の実弟青柳新米が就任した。

川合は四十年から独立伝道の信仰者として活動し、昭和二年にキリスト教に禅宗や陽明学を取り入れ、資金援助を受けずに独立した基督心宗教団を創始した。

後列左から斎藤壬生雄、幸裕、前列左から川合千代、村上ゆき（斎藤光家文書より）

四十二年四月に社員教育を任されて、川合は京都府綾部町の郡是株式会社に赴任した。郡是株式会社は明治二十九年にキリスト者の波多野鶴吉が創立した製糸会社であり、波多野が社員教育を任せられる人物を物色していたところ、四十二年二月に丹陽教会で開催した修養会に来た雑誌『基督教之世界』主筆の加

綾部市に建つ現在のグンゼ本社

藤直士の紹介で、川合信水に決定したのである。

その後、川合は大正十四年三月から教育総理となり、昭和十年まで継続するとともに、大正八年四月から社内に設立した郡是女学校長、十三年三月から誠修学院長となり、昭和十年三月まで務め、キリスト教に基づく独特の社員教育を確立し、郡是の社風確立に貢献した。

川合は東北学院・前橋教会や丹陽教会の知己のキリスト者を郡是に入社させ、社員教育に協力させた。入社の経緯は不明であるが、斎藤壬生雄の嫡男、川合の妻の弟である齋籐幸祐が大正六年四月一日から十四年二月十三日まで、郡是の用度課長を勤めている。川合との縁故で斎藤幸祐が就職したことを推測させる。

斎藤壬生雄は大正八年八月に京都府綾部にいた長男斎藤幸祐のもとへ退隠し、川合信水と交流した。信仰の形態はまったく異なるようであったが、川合信水とは青年時代から晩年に至るまで、私生活まで含めてもっとも深く交わったのである。

川合信水の追悼文

斎藤壬生雄がキリスト者となってから晩年に至るまで、もっとも信頼し、晩年に「この世の中でいちばん斎藤壬生雄を知っているのは私ですから、あなたの人格信仰を会葬者に私からお話しいたします」と川合が斎藤にいったところ、斎藤は「よろしくお頼みいたします」と答えたというほどである。その約束を履行して行った女婿の川合信水の葬儀の折の追悼説教は、人となりをほうふつとさせる逸話を紹介しながら、次の六点に斎藤壬生雄の性格をまとめた。

第一、侠骨義胆の人

豪邁憂国の武士であった父衛夫の薫陶を得て、武術は剣術砲術馬術に長じ、儒学を学び、ことに歴史書を好み、義胆侠骨を養った。

第二、寛大弘量の人

三十六歳のとき押川方義先生の嘱托を受けて山形教会の牧師となりましたが、またよくすべての人を包容し教化して、同地の人々は今もなおその徳を慕ってやみませぬ。四十歳のとき、さらに転じて函館教会の牧師となりましたが、当時の函館教会はなかなか統一に困難な状態でありました、押川先生はとくに故人を推挙して、これに赴かしめましたのであります。この難治の教会を牧し、これを統一せしのみならず、これを盛大ならしめました。四十二歳のとき、また押川先生の乞いによりてさらに東北学院に転じ、理事と幹事とを兼ね務め、よく院の内外万般にわたってその職責を全うし貢献するところが多かったのであります。故人は北海道中会議長、宮城中会議長、日本基督教会理事などを務め、常に東北六県北海全道にわたって日本基督教会の中心となって奮闘せしこと四〇年間でありました。

第三、忠君愛国の人

年わずかに十七歳のとき薩長の横暴を痛く慨嘆し、これを懲らさんとする考えをもって脱走して会津藩に投じ越後口に転戦し、会津城陥落の後帰藩いたしました。

二十九歳のとき、たまたま自由民権の論天下に唱導せられ、国会開催の鬱渤として起こるに及んで、故人は上毛十四郡の総代として、新井毫氏らとともに請願のため宮内省に出頭いたしました。その請願にも硬軟の二派あって、故人はもし聴許せられずんば死すとも還らすという硬派の一人でありました。時に山岡鉄舟氏が出て来てこれに応接し『貴君方がおはじめになったことでありますから、命を棄ててもやり遂げらるるでありましょう、願書は山岡が確かにお預り申して伝達致します』と申したそうであります。

また明治十六年三十二歳のとき、国事犯の嫌疑を受けて、鍛冶橋監獄に繋留事《(時カ)》であったと思いますが、病気のために切開手術を受けねばならなかったことがありました。このとき魔酔剤を服用して、もしその間に、同志等の企画や密秘（ママ）を口走るやうなことがあってはと、その万一を慮ってついに魔酔薬を用いずして治療を受けたということであります、事を重んじ人を思う情の篤きこと亦かくのごとくでありました。

また、宗教の上においてもただ普通浅薄の安心立命のためというに非ず、一には深く省みて義しき神の前に、厳粛に自己の罪を感じたのと、また一には多年政界に身を投じて決死の覚悟をもって奮闘しましたが、多くの人の中にはややもすれば自由の名、国民国家の名を利用してひそかに私利私慾をはかる者もあり、その表裏の甚だしきを見て、慨嘆措くことあたわず、天下国家を善導改良するにはいたずらに文物制度の改革に腐心するのみではできず、必ず精神の改造より出発してその本源より救わざるべからずと深く感じたからであります。そうして死の二日前まで身体既に枯痩して立つことあたわざるに至っても、なお新聞は必ずこれを読み、また自ら読むことあたわざるに至れば人に読ませても天下の形勢を知り、また自らも必ず案を立ててその当否を論ずるなど、実に国を憂うる赤心あたかも己が身を憂うるがごときでありました。たまたま私どもが往いて会談いたしましても、ただ宗教と国家との問題のほか何もありませんでした。

第四、信仰堅固の人

故人は三十三歳のとき、受洗して宗教生活に入りましたが、政府の当局はこれを評して「彼は宗教に入った振りをして、いかなる大事を企つるやも知れず」といい、探偵が常につき纏うておりました。

故人が宗教界に入るとき、将来いかなる名誉と栄華の位置を与えらるるとも決してふたたび政界に戻らずという決心で、そのとおりに一貫したのであります。同僚の人々はその内的革命の消息を知る由もなければ「斎藤君は耶蘇に入らなかったら大臣にもなれたものを」と甚だ惜しまれたということであります。

第五、修養悟道の人

完全の天父を仰ぎ謙遜して道を修め忍耐して固く動かない信仰堅固であり、人を教えていくという考えで上から下を瞰下すのではなく、日に深く修め月に密かに練るという状態でありまして、己の知らざるところは年若き孫児にもこれを謙遜して聴くという有様でありました。故人の綾部時代は年は老い、別になさねばならぬという仕事はなく、自己を誘惑する何物もなく、ただ純一無難、神を思い人を思い、国を思うと、病の身の死して神の御前に出ずる準備をなすのみで、自然に清浄の心となり神を見、神に合体するに至りましたのであります。

第六、誠意徹底の人

この誠意の上に立ってはじめて宗教の極地、絶対の生命を獲得することができるのであります。この誠意こそ万事の大本であり、故人はこの誠意をもって徹底して侠骨義胆の人となったのであります。

少年時代、武士としての修養の結果培われた侠骨義胆、寛大弘量の人となりと、忠君愛国の精神から信仰堅固、修養悟道へと至り晩年に神と合体して聖者のような境地に到達した斎藤の生涯を紹介した。

とくに宗教界に転じた動機について人心の改良とともに、自己の罪を自覚したこと、民権運動家のなかに私利私欲をはかるものがいたこと、宗教界に入るにあたって政界へは戻らない決心をしたことをあげているのは注目される。また、その後も新聞を欠かさず読み天下国家への関心を高くもっていたこと、綾部引退後は宗教家としての修養を積み、神と合体したことを述べた。晩年に身近にいてもっとも斎藤のことを知る川合の証言だけに信頼できる情報であろう。

斎藤壬生雄は維新政府への反発から幕末の志士、民権運動の闘士へとわが国の近代化に対応する士族として成長していったが、人心の改良を企図してキリスト者に転身し、近代化の波に乗ることを拒否され、その恩恵を受けることの少なかった東北地方にこだわり、なかでも教勢の衰えた教会の挽回のために奮闘し、信者と接触する過程で自己改革を遂げることができたのである。

民権期までは前橋を根拠地として郷党の指導者としての地位を保ち続けたが、東京一致神学校に学び、キリスト者となり、さらに山形教会に妻子とともに赴任してからは、郷党との交流はなくなり、ひとりのキリスト者として異郷に生活をした。

斎藤壬生雄は、幕末には前橋藩士族として奥羽越列藩同盟の期待を裏切った前橋藩主への忠義のために、東征軍に反発して会津藩に身を投じて反抗した。前橋藩という地域のなかでの封建的忠義が正義であり、それに生真面目に従った行動が郷党の支持を得た。

明治になってからは、忠義を尽くすべき藩がなくなり、観念的には天皇にそれを求め、終生尊崇する念は変わらなかったが、西南雄藩の形成する藩閥政府には反抗し、社会を指導する士族として民権運動に活躍し、前橋という地域だけでなく広く全国的な国家体制を改良することに正義を求めた。

しかし、その運動形態のなかに同志を信じることができない、裏切りにおびえる体質に絶望し、キリスト者に転身した。郷党と離れ、幕末の前橋藩の背信の謝罪の意味を込めて東北地方にこだわり、ひとりのキリスト者として教会活動を続け、東北地方の信者とともに生活した。そこでは士族としての立場もなくなり、履歴書に「平民」と自書したように、上から指導する姿勢ではなく、民衆として生きることを選択したのである。

そのために、晩年に嫡男と娘婿のもとに身を寄せて、病気と闘いながらさらに修養を積んだという。それは、神の前に身分制度を相対化し、士族としての立場を捨て、民衆として生きるための自己改革であり、「神人合一」の境地に達し、聖者のように静かな晩年を過ごすことができたのである。

参考文献

第一章

会津若松市『会津若松市史』第五巻、同市、一九六六年
安藤英男『新稿雲井龍雄全伝』上・下巻、光風社出版株式会社、一九八一年
石井良助・服藤弘司編『幕末御触書集成』第一～六巻、岩波書店、一九九二～九七年
維新史料編纂会『維新史』第三～五巻、吉川弘文館、一九四一年（一九八三年復刊）
維新史料編纂会『維新史料綱要』第五、八巻、維新史料編纂事務局、一九三八、四〇年
大塚武松編『広沢真臣日記』日本史籍教会、一九三一年
覚王院義観「覚王院義観戊辰日記」（『維新日乗纂輯』第五巻所収）日本史籍協会、一九二八年
勝部真長・松本三之介・大口勇次郎編『海舟日記』一、二（『勝海舟全集』一八、一九）勁草書房、一九七二年
樹下明紀・田村哲夫編『萩藩給禄帳』マツノ書店、一九八四年
渋沢栄一『徳川慶喜公伝』巻一～八、富山房、一九二八年
渋沢栄一編、大久保利謙校訂『昔夢会筆記―徳川慶喜公回想談』平凡社、一九六六年
仙台市史編さん委員会編『仙台市史』資料編2、仙台市、一九九六年

太政官編纂『復古記』第一巻〜一一巻、内外書籍株式会社、一九三〇〜三一年
多田好問編『岩倉公実記』上・中、原書房、一九六八年
田中彰『近代国家への志向』(『日本の近世』一八)中央公論社、一九九四年
遠山茂樹編『近代天皇制の成立』岩波書店、一九八七年
中島明「明治維新と前橋藩」(『群馬文化』二五七号、一九九九年)
中根雪江『続再夢紀事』第一〜六、日本史籍協会、一九二一〜二二年
中根雪江『戊辰日記』日本史籍協会、一九二五年
中山忠能『中山忠能日記』全三巻、日本史籍協会、一九一六年
平石弁蔵『会津戊辰戦争』丸八商店出版部、一九一七年
本多修理『越前藩幕末維新公用日記』福井県郷土誌懇談会、一九七四年
前橋市史編さん委員会編『前橋市史』第二巻、前橋市、一九七三年
前橋市史編さん委員会編『前橋市史』第六巻、資料編一、前橋市、一九八五年

第二章

伊藤痴遊『自由党秘録』(『伊藤痴遊全集』続第一一巻)平凡社、一九三一年
稲田雅洋「民権家斎藤壬生雄・山崎重五郎兄弟の軌跡」(『信州白樺』四四・四五・四六合併号)一九八一年
色川大吉『新編明治精神史』中央公論社、一九七三年
丑木幸男『地方名望家の成長』柏書房、二〇〇〇年

大日向純夫「ある民権家の回想」(『歴史評論』三八七号) 一九八二年
群馬県史編さん委員会『群馬県史』資料編一九、一九七九年
群馬県史編さん委員会『群馬県史』資料編二一、一九八七年
信夫清三郎・林茂監修『復刻　自由新聞』全五巻、三一書房、一九七二年
清水吉二『群馬自由民権運動の研究—上毛自由党と激化事件—』あさを社、一九八四年
関戸覚蔵『東陲民権史』養勇館、一九〇三年 (崙書房、一九七三年復刻)
遠山茂樹・佐藤誠朗校訂『自由党史』岩波書店、一九五八年
福島県『福島県史』第一一巻、資料編六、一九六四年
福田薫『蚕民騒擾録—明治十七年群馬事件—』盛運書房、一九七四年
藤林伸治編『ドキュメント群馬事件』現代史出版会、一九七九年

第三章

青芳勝久『植村正久伝』教文館出版部、一九三五年 (大空社、一九九二年復刻)
石巻山城町教会『日本基督教団石巻山城町教会九十年史』一九七五年
岩沼教会『岩沼教会八〇年の歩み』一九六五年
岩沼市史編纂委員会編『岩沼市史』岩沼市、一九八四年
大塚栄三『郡是の川合信水先生』岩波書店、一九三一年
共愛学園百年史編纂委員会『共愛学園百年史』上巻、共愛学園、一九九八年

基督心宗教団川合義信『押川方義川合信水両先生往復書簡集』基督心宗教団事務局出版部、一九八一年
斎藤光家文書（群馬県立文書館収蔵。なお、同文書中の斎藤壬生雄の写真掲載については同館の許可を得た）
佐波亘編『植村正久と其の時代』第一～四巻、教文館、一九三七～四一年
清水東四郎遺稿、梅津吉之助・成瀬高編著『日本基督教会東北中会史』成瀬高発行、一九六八年
社史編纂室編『グンゼ株式会社八十年史』グンゼ株式会社発行、一九七八年
庄司一郎『白石町誌』北日本書房、一九二三年
荘内教会『日本基督教団荘内教会創立百周年記念誌』一九八八年
仙台東一番丁教会『日本基督教団仙台東一番丁教会史』一九九一年
田村直臣『信仰五十年史』警醒社、一九二四年（大空社、一九九二年復刻）
東北学院百年史編集委員会編『東北学院百年史』東北学院、一九八九年
富田重幸編『中村教会創立九十周年記念集』日本基督教団中村教会、一九七七年
中山茂『野口英世』朝日新聞社、一九七八年
新島襄全集編集委員会『新島襄全集』第九巻下、一〇九四頁、同朋舎出版、一九九四年
日本基督教会北海道中会歴史編纂委員会編『日本基督教会北海道中会記録』新教出版社、一九八三年
函館日本基督教会『創立五十年略史』一九三二年
函館相生町教会『創立七十年史』日本基督教会函館相生町教会、一九五二年
函館相生教会九〇周年事業実行委員会編『日本基督教会函館相生教会創立九〇年史年表』一九七三年
福島教会百年史編集委員会編『日本基督教団福島教会百年史』一九九〇年

福島県『福島県史』第一一巻、一九六四年
福島県『福島県史』第二一巻、一九六七年
藤一也『黎明期の仙台キリスト教』キリスト新聞社、一九八五年
松村介石『信仰五十年』道会事務所、一九二六年（大空社、一九九六年復刻）
宮城学院七十年史編集委員会編『宮城学院七十年史』一九五六年
明治学院『明治学院百年史』、一九七七年
山形六日町教会「一致教会山形講義所記事」（山形市山形六日町教会所蔵）
山本秀煌『日本基督教会史』日本基督教会事務所、一九二九年（改革社、一九七三年復刻）
若松栄町教会『日本キリスト教団若松栄町教会　創設から会堂建築に至るまでの歩み』同教会、一九八四年

斎藤壬生雄年譜

嘉永5年（一八五二）	2月5日	斎藤壬生雄、川越城下で出生。
文久3年（一八六三）	6月19日	斎藤衛夫、川越藩御親兵伍長に任命、上京を命令される。
	9月7日	斎藤衛夫ら御親兵免除。
	10月11日	川越藩主松平直克、政治総裁職就任。
	12月26日	斎藤衛夫、帰国を命じられる。
	12月27日	将軍徳川家茂に供奉して松平直克上洛。
文久4年（一八六四）	1月21日	松平直克参内
	1月27日	〃
	4月29日	松平直克従四位上左近衛少将叙任、横浜鎖港取扱を命じられる。
元治元年（一八六四）	5月2日	松平直克参内、横浜鎖港尽力を改めて指示された。
	5月7日	松平直克ら京都を出発、江戸へ帰る。
	6月3日	松平直克、将軍に鎖港問題不同意の老中更迭を要求、翌日意見書を提出。
	6月5日	鎖港問題主任徳川慶篤が松平直克の独断による要求を非難。
	6月18日	松平直克、将軍に鎖港問題解決を主張。

元治元年（一八六四）	6月22日	松平直克、政治総裁職罷免。
	11月	松平直克、登城見合わせを命じられる。
慶応元年（一八六五）	10月10日	松平直克、上洛を命じられる。
	11月	松平直克上洛決定。
	〃	川越藩士栗間進平、直克上洛遅延を批判する上書により処分。
	12月	尊王攘夷家の川越藩士志賀敬内を重役誹謗により隠居、謹慎処分。
	〃	斎藤衛夫、川越城絵図面作成を命じられる。
	〃	青柳新米出生。
慶応2年（一八六六）	2月	松平直克、病気により上洛免除出願。
	5月	斎藤衛夫、川越藩軍事方に任命。
	9月	松平直克、上洛を命じられ、重臣を派遣。
	12月	松平直克、京都警護を命じられる。
慶応3年（一八六七）	2月	前橋城竣工、斎藤衛夫、前橋地理調べを担当。
	3月	斎藤衛夫、奉公忠勤により褒賞される。
	10月	松平直克、上洛を督促される。
	11月30日	松平直克、病気により上洛延期を出願。
	12月	志賀敬内、陰謀を企てた嫌疑で切腹。
	12月25日	庄内藩兵等とともに前橋藩兵江戸薩摩藩邸を砲撃。

慶応4年（一八六八）

12月29日	松平直克、上洛決定。
1月	鳥羽伏見の戦いにつき前橋藩兵江戸警護担当。
1月4日	会津藩家臣前橋藩を訪れ、徳川家のための運動を申し入れる。
1月10日	朝廷、徳川慶喜追討令を出す。
1月12日	徳川慶喜江戸城に帰着。
1月13日	松平直克、徳川慶喜に面会、慶喜隠退・謹慎により徳川家存続を主張。
1月18日	〃
1月24日	松平慶永、松平直克宛慶喜謝罪運動を勧める書状を出す。
1月26日	岩倉具視、松平慶永宛に徳川家存続の直書を出す。
2月6日	松平直克、松平慶永宛に上京して運動する返信を出す。
2月	松平直克、勝海舟と会見して徳川慶喜待罪状を見せる。
2月10日	松平直克、上洛に出発。
2月12日	勤王誘引の名古屋藩士、前橋藩等の勤王証書を受領。
2月20日	松平直克熱田到着、名古屋城を表敬訪問、大総督宮へ家臣派遣。
2月23日	東征軍参謀から天機伺いにつき出頭を命じられる。
3月14日	前橋藩家老、駿府の参謀局に謝罪状提出。
3月18日	大総督府、松平直克の謝罪を認める。
3月29日	松平直克、入京。

慶応4年（一八六八）

4月10日	会津藩、庄内藩と軍事同盟を結ぶ。
4月14日	旧幕府軍、富津陣屋に兵糧供出要求。
閏4月2日	旧幕府軍、富津陣屋に金穀・兵器供出要求、小河原左京切腹。
閏4月3日	松平直克参内。
閏4月8日	総督府参謀祖式金八郎、前橋藩等へ沼田出兵を命令。
閏4月10日	松平直克、朝廷へ誓約書、徳川慶喜謝罪状提出、京都出発。
閏4月12日	東山道先鋒総督府征軍内参謀祖式金八郎、前橋城に入る。
閏4月13日	大音龍太郎、豊永貫一郎、原保太郎を上野国巡察使に任命。
閏4月16日	祖式金八郎、内参謀免職。
この頃	斎藤壬生雄ら、脱藩して越後口転戦後会津へ行く。
閏4月24日	三国峠で前橋藩兵ら会津軍と戦う。
閏4月26日	輪王寺宮、令旨で前橋藩主松平直克らに薩摩打倒を命じる。
5月3日	奥羽越列藩同盟締結。
5月5日	松平直克、大総督宮有栖川宮に面会、上野国一国鎮撫委任出願。
5月6日	勝海舟、松平直克に江戸鎮撫の協力要請。
5月10日	大音龍太郎、柴山文平、軍監に任命され、上野国監察を担当。
5月19日	東征軍長岡城を陥落。
6月	富津陣屋処置を総督府から非難され、白井宣左衛門切腹。

	6月12日	雲井龍雄、上野・下野潜行を出願。
	7月17日	雲井龍雄、会津を出発。
	7月24日	雲井龍雄、下野国塩谷郡五十里に到着。
	〃	河合継之助らの活躍で長岡城奪回。
	7月29日	東征軍、長岡城を奪い返す、二本松城落城。
	8月14日	雲井龍雄ら、利根郡須賀川村で沼田・前橋藩へ訴願取次を要求。
	8月18日	雲井龍雄一行のうち羽倉綱三郎・屋代由平・桜正坊殺害される。
	8月23日	白虎隊全滅。
	9月14日	仙台藩降伏。
	9月22日	若松城落城。
	10月9日	会津戦争終結。
	11月	斎藤衛夫隠居許可、斎藤素也家督相続。
明治2年（一八六九）	4月19日	前橋藩、版籍奉還許可。
	8月25日	松平直克、隠居願許可。
		斎藤壬生雄、京都・大坂を旅行。
		斎藤壬生雄、藩学博喩堂で学ぶ（4年まで）。
明治4年（一八七一）頃		斎藤衛夫、一時帰農。
明治10年（一八七七）頃		斎藤壬生雄、沼田警察署巡査となる。

明治11年（一八七八）	7月頃	原胤昭邸の京浜近県キリスト教徒親睦会に斎藤壬生雄参加。
明治12年（一八七九）		斎藤壬生雄、吾妻郡役所書記となる。
	2月14日	斎藤壬生雄、谷貝鉱吉長女さく子と結婚。
	4月	高崎に有信社創立。
明治13年（一八八〇）	2月	藤生金六や新井毫ら山田郡大間々町に尽節社設立。
	3月6日	前橋で上野連合会開催、分裂し上毛同盟会、繭糸改良会設立。
	この頃	齋籐壬生雄、前橋に大成社設立。
	4月18日	上毛同盟会解散。
	この頃	大成社集会条例発布により解散。
	8月17日	斎藤壬生雄、高崎で「沿革論」を演説。
	9月12日	高崎で上毛有志会開催。
	9月29日	上毛有志会開催、斎藤壬生雄ら四人、上京総代人に選出。
	9月	宮部襄、師範学校長辞職。
	10月11日	上毛有志会開催、「国会ノ開設ヲ願望シ奉ルノ書」提出。
	10月	斎藤壬生雄、新井毫、宮内卿宛に請願書内奏出願。
	11月10日	国会期成同盟第二会開催、新井毫ら起草委員に選出。
	12月10日	斎藤壬生雄ら一三県総代二五人、太政官に出頭。
	12月13日	木呂子退蔵ら太政官出願。

明治14年（一八八一）

12月25日	斎藤壬生雄、太政大臣三条実美宛に国会開設建白書を提出。
12月	関東同志会結成大会に斎藤壬生雄ら出席。
3月	倉長恕・岡村廉次郎、上毛新聞記者となる（6月まで）。
8月	斎藤壬生雄、『上毛新聞』編集長となる（10月まで）。
9月8日	斎藤壬生雄、「本社沿革の記」を上毛新聞に掲載。
9月23日	板垣退助ら政党結成について集会、斎藤壬生雄参加。
10月1日	国会期成同盟会第三会、斎藤壬生雄、宮部襄ら参加。
10月14日	斎藤壬生雄、前橋で「地方人民の迷夢未ださめざるか」を演説（演説中止）。
10月17日	自由党結成大会に斎藤壬生雄出席。

明治15年（一八八二）

6月12日	寧静館会議に斎藤壬生雄出席。
6月29日	自由党臨時会で宮部襄同党幹事に選出。
7月9日	倉長恕、仙台で東北自由新聞社員として演説。
9月11日	斎藤壬生雄、前橋を出発。
9月21日	斎藤壬生雄、新潟県長岡町の自由党懇親会に出席。
10月2日	斎藤壬生雄、秋田県を遊説。
10月17日	斎藤壬生雄、下横手駅の懇親会に出席。
10月27日	斎藤壬生雄、秋田を出発、津軽、青森、函館を巡回。
11月半ば	斎藤壬生雄、盛岡に到着。

明治15年（一八八二）	11月17日	宮部襄が斎藤壬生雄に控訴応援に福島行きを指示。
	11月20日	喜多方署、工事反対者検挙。
	11月24日	工事反対指導者逮捕、斎藤壬生雄、無名館到着。
	11月28日	喜多方事件、一斉検挙。
	11月30日	小勝俊吉、仙台で山口千代作に面会。
	12月1日	小勝俊吉、無名館で逮捕。
	12月11日	斎藤壬生雄、順天堂に入院。
	12月24日	倉長恕、仙台で政談演説会開催。
明治16年（一八八三）	1月10日	斎藤壬生雄、順天堂退院、大学第二病院に入院。
	2月2日	斎藤壬生雄、病院で逮捕、鍛冶橋監獄未決監に収監。
	3月5日	斎藤壬生雄、予審終結で無罪言い渡し、放免。
	3月25日	斎藤壬生雄、前橋で「結果を得るは熱心にあり」を演説。
	4月5日	斎藤壬生雄、南勢多郡膳村で「社会の変遷」を演説。
	4月23日	自由党大会で斎藤壬生雄らを自由党幹事に選出。
	6月10日	「偽党撲滅自由大演説会」を自由党幹事斎藤壬生雄が開催。
	7月20日	武相自由大懇親会に板垣退助と斎藤壬生雄出席（～23日）。
	11月16日	斎藤壬生雄、自由党臨時大会に出席。
明治16年末		斎藤壬生雄、関西巡回。

明治17年（一八八四）	2月8日	斎藤壬生雄、岡山から高知へ到着。
	3月13日	自由党大会で斎藤壬生雄地方巡察員に選出、東北地方担当。
	4月17日	照山峻三殺害事件。
	5月11日	斎藤壬生雄、東北地方巡回、仙台へ到着。
	5月16日	群馬事件。
	5月23日	長坂八郎、照山事件で逮捕。
	6月28日	斎藤壬生雄、東北地方巡回から帰京。
	8月21日	宮部襄、照山事件で逮捕。
	10月29日	自由党大会、解党を決議。
	11月1日	秩父事件起きる。
明治18年（一八八五）	3月	斎藤壬生雄、新橋教会でノックスから受洗（諸説あり）。
	4月3日	倉長恕、前橋で末広重恭、堀口昇らと演説。
	5月頃	磯山清兵衛、斎藤壬生雄に大阪事件の首領を勧める。
	9月	斎藤壬生雄、東京一致神学校入学（20年12月まで）。
	11月23日	大阪事件。
明治19年（一八八六）	7月14日	山崎重五郎死去。
	9月	藤生金六，福島教会牧師に赴任。
明治20年（一八八七）	1月	宮部襄・長坂八郎、予審終結で無罪を言い渡される。

明治20年（一八八七）	5月3日	斎藤壬生雄、日本基督教会大会に下谷教会から出席。
	7月20日	斎藤壬生雄、下谷教会で植村正久、岩本善治らと記念写真。
	8月	宮部襄、長坂八郎再逮捕。
	9月24日	倉長恕、宮城県石巻のキリスト教演説会に出席（〜25日）。
	11月	藤生金六、仙台神学校教授任命(21年6月まで)。
	12月12日	斎藤壬生雄、山形教会へ妻子とともに赴任に出発。
	12月22日	斎藤壬生雄、山形教会到着。
明治21年（一八八八）	1月2日	倉長恕、押川正義から受洗。
	5月3日	高津仲次郎、山形教会に斎藤壬生雄を訪問。
	6月	藤生金六、鶴岡町私立荘内中学校々長となる(23年3月まで)。
	6月13日	倉長恕、荘内教会赴任の送別会を山形教会で開催。
	6月16日	山形キリスト教徒青年会開催、斎藤壬生雄、演説する。
	7月9日	山形講義所を新会堂に移す。
	7月22日	山形教会新会堂落成。
	7月28日	山形教会献堂式執行。
	7月	斎藤壬生雄、押川方義とともに荘内教会に伝道。
	9月23日	大阪事件で獄死した山崎重五郎追悼会開催、斎藤壬生雄欠席。
	12月8日	斎藤壬生雄、宮城中会に出発。

	12月13日	宮城中会、斎藤壬生雄に聖役試補の資格授与。
明治22年（一八八九）	1月9日	山形教会でクリスマス執行。
	1月14日	斎藤壬生雄、高津仲次郎へ返信を出す。
	2月11日	山形教会で憲法発布感謝会を開く。
	3月	照山事件で宮部襄ら有期徒刑一二年、長坂八郎無罪判決。
	5月25日	山形教会で聖書の友大会を開く。
	6月19日	山形教会で執事選挙。
	7月11日	斎藤壬生雄、痔疾で済生病院に入院。
	7月16日	斎藤壬生雄、危篤になる。
	8月1日	斎藤壬生雄、退院。
	9月22日	斎藤壬生雄、上の山教会へ伝道。
	9月30日	斎藤壬生雄、宮城中会に出席(～10月8日)。
	10月3日	斎藤壬生雄、牧師試験に及第。
	10月16日	斎藤壬生雄、新島襄へ書簡を出す。
明治23年（一八九〇）	1月4日	斎藤壬生雄、受洗志願者を試験、授洗、クリスマス執行。
	2月11日	紀元節、憲法発布式感謝会開催。
	〃	山形一致、メソヂスト両教会合併大演説会開催、斎藤壬生雄演説。
	3月31日	斎藤壬生雄、宮城中会へ出席。

明治23年（一八九〇）	4月25日	山形教会で廃娼演説会開催。
	4月26日	山形県信徒親睦会開催。
	4月28日	山形教会で禁酒演説会開催。
	4月	藤生金六、宮城女学校幹事に選出。
明治24年（一八九一）	1月4日	聖晩餐執行、斎藤壬生雄、授洗。
	1月5日	山形教会でクリスマス執行。
	5月	斎藤壬生雄、函館教会赴任。
	6月	藤生金六，東北学院新憲法起草委員に選出。
	8月20日	斎藤壬生雄、上の山へ布教、キリスト教演説会開催（～22日）。
	11月21日	斎藤壬生雄、宮城中会・日本基督教会大会大会へ出席。
	12月21日	斎藤帰形。
明治25年（一八九二）	8月	藤生金六，東北学院理事会に掌書として出席。
明治26年（一八九三）	5月	斎藤壬生雄、函館教会辞任、東北学院幹事・理事員に選出。
	8月25日	斎藤壬生雄、臨時第二回宮城中会で議長に選出（～29日）。
	9月	川合信水、仙台労働会塾長となる。
	〃	青柳新米、東北学院入学。
明治27年（一八九四）	2月	藤生金六、下谷教会牧師となる。
	5月16日	斎藤壬生雄、第一一回宮城中会（仙台教会）議長に選出。

7月　藤生金六、日本基督教会大会議長に選出。田村直臣弾劾動議可決。
8月22日　藤生金六、会津若松教会へ赴任。

明治28年（一八九五）
4月7日　藤生金六、野口英世に授洗。
6月　宮部襄を青柳新米が仙台駅で出迎える。
7月29日　斎藤壬生雄、仙台教会で「亡国の民を弔す」の礼拝説教。
9月6日　斎藤壬生雄、仙台教会で「日清事件基督教大演説会」を開催。
10月2日　斎藤壬生雄、仙台教会の定期宮城中会で議長に選出。

明治29年（一八九六）
4月22日　斎藤壬生雄、宮城中会で教勢を報告。
6月　川合信水、東北学院邦語神学科卒業。
11月10日　斎藤壬生雄、臨時第四回宮城中会で書記に選出（～11日）。

明治30年（一八九七）
4月20日　斎藤壬生雄、第一四回宮城中会で書記に選出（～21日）。
9月　川合信水、東北学院寄宿舎々監となる。
〃　川合信水、東北学院作文科教授となる。
11月　藤生金六、若松教会牧師辞任。

明治31年（一八九八）
　斎藤壬生雄、宮城中会常置委員に選出（35年まで）。
7月　斎藤壬生雄、東北学院幹事のままで仙台教会牧師となる。

明治32年（一八九九）
2月1日　妻さく子死去、40歳。
6月25日　斎藤壬生雄、仙台教会会堂定礎式を司会。

	8月	東北学院届書に幹事斎藤壬生雄が署名。
	〃	斎藤壬生雄、東北学院倫理科教授。
	12月	川合信水、斎藤壬生雄の長女ちよと結婚。
明治33年（一九〇〇）	5月28日	斎藤壬生雄、第一七回宮城中会（函館教会）で議長に選出。
明治34年（一九〇一）	5月22日	藤生金六、第一八回宮城中会で議長に選出（～23日）。
	5月	斎藤壬生雄、肺結核療養(9月まで)。
	〃	川合信水、鶴岡町基督教講義所に赴任。
	7月9日	東北学院所有地を移転、幹事斎藤壬生雄が名義人。
	10月20日	仙台教会献堂式に斎藤壬生雄出席。
	11月	川合信水、函館毎日新聞主筆となる(35年9月まで)。
	12月	斎藤壬生雄、仙台名誉牧師を辞任。
明治35年（一九〇二）	4月	斎藤壬生雄、函館教会牧師に赴任。
	10月	宮城中会、押川方義、藤生金六の退会留任を勧告。
明治36年（一九〇三）	3月14日	斎藤壬生雄、北海道中会設立式で議長に選出。
	4月	宮城中会、押川方義、藤生金六の退会許可。
明治37年（一九〇四）	2月5日	斎藤壬生雄、第二回北海道中会（旭川教会）で議長に選出。
	7月	川合信水、前橋共愛女学校教師となる。
	夏	斎藤壬生雄、函館教会牧師を辞任。

明治38年（一九〇五）	9月18日	斎藤壬生雄、福島講義所に赴任。
	この頃	青柳新米、前橋共愛女学校に復帰。
		斎藤壬生雄、宮城中会常置委員、伝道委員に選出(40年まで)。
	3月	川合信水、共愛女学校校長となる(40年12月まで)。
	4月18日	斎藤壬生雄、第二二回宮城中会で議長に選出（～20日）。
	5月28日	藤生金六，日本基督教会除名。
明治39年（一九〇六）	3月4日	斎藤壬生雄、飯坂に伝道。
	4月	斎藤壬生雄、第二三回宮城中会に東北学院教師として出席、議長に選出、大会議員、伝道委員に任命、福島県西部を監督宣教師区域と定められる。
明治40年（一九〇七）	4月	斎藤壬生雄、第二四回宮城中会で大会議員、教会組織整理委員に選出。
	9月	福島講義所、伝道教会に認定。
明治41年（一九〇八）	1月	青柳新米、共愛女学校校長となる（大正11年まで）。
	4月28日	斎藤壬生雄、第二五回宮城中会（石巻教会）で議長に選出。
明治42年（一九〇九）	4月27日	斎藤壬生雄、第二六回宮城中会で議長に選出（～29日）。
明治42年（一九〇九）	4月	川合信水、郡是株式会社に赴任。
	10月	斎藤壬生雄、日本基督教会第二三回大会に出席。
	12月	斎藤壬生雄、福島教会献堂式に祈祷。
明治43年（一九一〇）	4月19日	斎藤壬生雄、第二七回宮城中会で議長に選出（～20日）。

	〃	斎藤壬生雄、宮城中会常置委員に選出（大正7年まで）。
	7月5日	斎藤壬生雄、福島教会を辞任。
	7月	斎藤壬生雄、石巻教会応援牧師に赴任。
	10月	斎藤壬生雄、日本基督教会第二四回大会（大阪）に出席、帰途紅葉寺に山崎重五郎の墓を詣でる。
	12月	斎藤壬生雄、『自由党史』を嫡子斎藤幸祐に贈る。
明治44年（一九一一）	9月	斎藤壬生雄、石巻教会辞任。
	6月13日	斎藤壬生雄、糖尿病悪化、牧師辞職を決意。
	〃	斎藤壬生雄、中村教会へ赴任。
	11月	斎藤壬生雄、中村伝道教会教師在任。
大正元年（一九一二）	10月12日	斎藤壬生雄、日本基督教会第二六回大会、仙台教会創立四十年紀年会で祈祷。
大正2年（一九一三）	2月	斎藤衛夫死去。
	5月16日	斎藤壬生雄、東北学院創立二十七周年記念式典祝賀会に出席。
大正3年（一九一四）	1月18日	斎藤壬生雄、日本基督伝道教会総会（福島教会）で議長に選出。
	4月12日	福島教会堂建設式を斎藤壬生雄司式。
大正4年（一九一五）	5月4日	斎藤壬生雄、第三二回宮城中会（仙台教会）で議長に選出。
	8月9日	川合信水、中村教会に斎藤壬生雄を訪問。
大正5年（一九一六）	3月30日	斎藤壬生雄、岩沼教会へ赴任。

	4月20日	斎藤壬生雄、第三三回宮城中会（米沢教会）で議長に選出。
大正6年（一九一七）	4月	斎藤壬生雄、宮城中会で常置委員、協力委員に選出。
大正7年（一九一八）	4月1日	齋籐幸祐、郡是株式会社用度課長に就職（14年2月13日まで）。
大正7年（一九一八）	4月1日	斎藤壬生雄、白石教会に赴任。
大正8年（一九一九）	4月	川合信水、郡是女学校長となる。
〃		斎藤壬生雄、白石教会辞任。
〃		宮城中会は東北中会と改称。
	8月	斎藤壬生雄、京都府綾部の長男斎藤幸祐のもとへ退隠。
大正12年（一九二三）	12月28日	斎藤壬生雄死去、享年七十二歳。
昭和33年（一九五八）		青柳新米死去。

あとがき

斎藤壬生雄は自由民権家として著名であり、多くの本に紹介されたが、その範囲の知識しかもっていなかった。

昭和四十八年ころ、山形六日町教会で教会日誌の「一致教会山形講義所記事」を閲覧する機会があった。斎藤壬生雄が真面目に牧師として活動している様子を伝えており、民権家の顔とはずいぶん違っていることに驚いた。それ以来、斎藤のことが気になり、機会をみつけては関連する場所へ出かけて調査を繰り返した。そのたびに新しい発見があり、楽しい資料渉猟の旅であった。そうして蓄積した個別の資料から斎藤の志士、民権家、キリスト者の全体像が浮かび上がってきた。

なかでも、平成十一年に仙台の東北学院で調査をしていた折りに『黎明期の仙台キリスト教』の著者藤一也氏にお目にかかり、藤氏がそれまで収集した斎藤に関する調査資料を惜しげもなくご提供いただいたことには感激した。

斎藤壬生雄の生涯を一貫して描いてみようと、今まで収集した調査資料を整理しはじめたが、斎藤壬生雄の直接執筆した資料が少ないことが難点であった。一次資料としては斎藤の新島襄宛、高津仲次郎宛の書簡、斎藤の書き込みのある『自由党史』、自筆履歴書と山形教会の教会日誌ぐらいしかない。しかし、周辺の資料はふんだんにあった。青柳新米の回想録、『自由党史』、『自由新聞』をはじめとする民権関係資料や、『東北時報』や各教会記念誌などの教会関係資料が多く、斎藤と交流のあったキリスト者の著書にも記事が多かった。ごくわずかの一次資料を中核にして周辺の二次資料をあてはめて斎藤の全貌を浮かび上がらせようとした。成功したかは読者の判断に任せたいが、斎藤壬生雄が生涯かかって作成したジグゾーパズルを、数多くのピースで埋めていくのに似た作業であった。活動範囲が広いために、まだ抜けているピースがあるように思う。

斎藤の全体像を明らかにするためには、志士の顔だけでも不充分であり、民権家、キリスト者の顔だけでも不充分であり、その全部を通してみることにより可能になる。近代社会の特質を考えることも同じであり、そのためには永いスパンのなかで検討することが必要だと思う。

刊行までに沢山の史料所蔵者にお世話になった。感謝申し上げたい。

平成十三年二月に稲田雅洋氏から近代民衆史研究会で斎藤について報告する機会を与えられ、貴重なご意見をいただいた。また、同僚の鈴江英一氏からはキリスト教については門外漢であり、基礎的知識のない私に適切な助言をいただいた。本書は村上直・吉原健一郎両氏から執筆を勧められ、刊行については同成社の山脇洋亮氏のご配慮をいただいた。各位に深謝したい。

史料引用についてお断りをしておきたい。シリーズの性格から史料を原文のまま引用することは避け、平易な文章に直し、かつ必要な部分のみを抜粋した。また、多くの研究書を参考にしたが、失礼ながら個別に紹介することは省略した。史料、研究書については巻末に参考文献を挙げたので参照されたい。

平成十三年七月

丑木　幸男

志士のゆくえ
——斎藤壬生雄の生涯——

著者略歴
丑木　幸男（うしき・ゆきお）
1944年　東京都生まれ。
東京教育大学文学部史学科卒。群馬県立武尊高校、渋川女子高校、中央高校、群馬県史編さん室などを経て、現在国文学研究資料館史料館教授。博士（文学）。
主な著書
『群馬県の百年』『群馬県の歴史』（以上、共著、山川出版社）、『礫茂左衛門一揆の研究』『石高制確立と在地構造』（以上、文献出版）、『蚕の村の洋行日記』（平凡社）、『地方名望家の成長』（柏書房）

2001年９月10日発行

著　者　丑　木　幸　男
発行者　山　脇　洋　亮
印刷者　㈱　深　高　社
モリモト印刷㈱

発行所　東京都千代田区飯田橋４－４－８
東京中央ビル内
TEL　03-3239-1467　振替00140-0-20618
同成社

Printed in Japan The Dohsei Publishing Co.,
ISBN4-88621-229-8 C3321